真相是什么

现在我还不了解

可我永远都相信

这是个灿烂的结局

孤独的岁月

庆幸能遇见你

在这薄情的世界

依然深情地活着

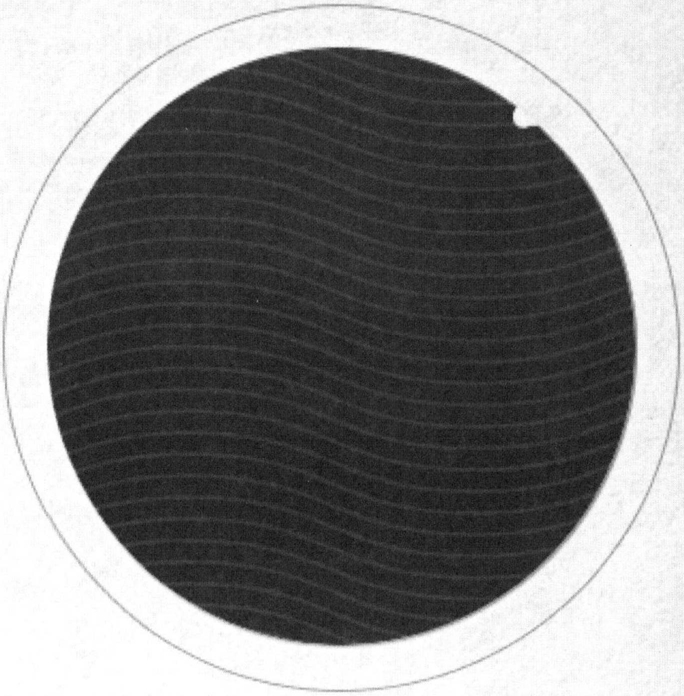

我们15个

平顶之上

腾讯视频　著

中国宇航出版社
·北京·

图书在版编目（CIP）数据

我们15个 : 平顶之上 / 腾讯视频著. -- 北京 : 中国宇航出版社, 2016.8
ISBN 978-7-5159-1140-3

Ⅰ. ①我… Ⅱ. ①腾… Ⅲ. ①文娱活动—电视节目—介绍—中国 Ⅳ. ①G222.3

中国版本图书馆CIP数据核字(2016)第135570号

责任编辑 吴媛媛　　封面设计 可　乐　　封面手绘 李晓明

出版发行 中国宇航出版社
社　址 北京市阜成路8号　　邮　编 100830
(010)60286808　　(010)68768548
网　址 www.caphbook.com
经　销 新华书店
发行部 (010)60286888　　(010)68371900
(010)60286887　　(010)60286804(传真)
零售店 读者服务部
(010)68371105
承　印 北京画中画印刷有限公司
版　次 2016年8月第1版　　2016年8月第1次印刷
规　格 710×1000　　开　本 1/16
印　张 19　　字　数 300千字
书　号 ISBN 978-7-5159-1140-3
定　价 58.00元

Ultimate happiness or complete chaos?

是终极幸福，还是一团乱麻？

目录

开篇
栏目的缘起和初衷

CONTENTS

上篇
那些事：在一起的 365 天

三、每个人都是花样生活的创造者

四、绝不辜负大自然的馈赠

下篇
那些收获：回忆总是美好，生活还在继续

我们15个

开篇

栏目的缘起和初衷

乌托邦照进现实

已经是6月份了，南方的山里渐渐湿热。野花遍地盛开，竹子一天冒高一节，粗大的杨梅树上挂满了青绿的果子，就等着下个月熟透了之后就直接砸在地上。

我们在山上的办公室里，吃喝拉撒，拍摄剪片，一切运转得流畅而严密，熟悉得如同一种自然存在的生活，150多个人的团队又犹如一台严丝合缝运转自如的庞大机器。这几天，开会的时候蚊虫开始肆虐，办公室里的食物如果不保护好，老鼠们常常会成群结队地光顾。

窗外的山景每天变幻出几十种深深浅浅的层次，和水墨山水画很像，但是更加生动。下午的时候，暴雨总是不期而至，一声巨雷，电路全断，所有工作人员都会下意识地冲向中控室，检查直播系统是否受到影响，隔着玻璃，发现120个摄像机的信号还很稳定，三排工作人员仍然在按部就班地拍摄，于是就很心安地回到办公室，气定神闲地讨论下一个议题。

这样一个系统性的、纯粹的、离自然很近的创作，我们已经进行了一年，如果算上开播前的筹备期，就将近两年了。我跟很多人表达过，尽管日子过得清苦，可是我能体会到一种由衷的快乐。这快乐不仅源于项目本身的创新性，也来自于节目提供了一个极为特殊的对世界的认知角度，我们在其中获得的，是成长，更是智慧。

最难、最接近本质的真人秀节目

这个节目的原版诞生于2013年的荷兰，名字叫《Utopia》，2014年1月1日在荷兰开播，迄今已经连续不间断地直播了两年半。模式创意的核心人物是John de Mol，一个对全球电视行业有着深远影响的人物。他从英国早期人文主义学者托马斯·莫尔的著作《乌托邦》中受到启发，觉得这个东西应该可以搬上屏幕，变成一档节目。

研发过程漫长而又艰巨，就连John de Mol自己公司（荷兰Talpa公司）的很多资深制作人都认为这个创意过于大胆。乌托邦非常抽象，它更多地存在于意识形态领域，对它的所有描述都是开放式的，而一个大众化、具象的电视节目，是否能够承载这样一个命题呢?

从节目创作的角度看，内容立意需要有明确的目的，有预期的故事走向，但是在这里，这些是没有的。这个优秀的团队起初为《乌托邦》设立了精密复杂的规则体系，但John de Mol后来基本上一一推翻了，他希望大家一起来做一个开放式的节目，节目方做最少的设定，尽可能地还原真实，并持续不断地直播，做一个最接近真人秀本质的东西，做一个历史上不间断直播时间最长的节目——事实上他已经做到了。

2014年8月，我所在的腾讯公司和荷兰Talpa就这个节目达成了合作共识。10月份，我们最初的几个中国版节目主创，到荷兰版的Utopia基地考察，进行了全面的学习。不得不说，比起内容创意，欧洲人严谨的构建能力、强大的管理执行能力更让我钦佩。他们为了这个创意的落地，突破了重重障碍，没有现成的参照经验，就逼自己创新，不仅在节目制作、互联网产品技术等专业领域有一些全新的操作思路，在法律、商业、心理学、社会学等交叉学科上也突破了不少难题。

摆在我们面前的宝典（Bible）有好几本，摞起来有十几厘米。而实际上，在这一年的执行中，我能清晰地感受到，荷兰人已经在尽可能地简化这个宝典了。很多节目模式，比如同样出自Talpa的《好声音》，荷兰版、美国版、中国版基本都长一个样子，镜头形式、音乐铺垫、起承转合，宝典里都会交代得事无巨细。但是《Utopia》不是，它可供借鉴的原模式经验主要在于技术操作和流程设计层面，而对于核心的节目内容，它并不提供太多的经验，毕竟，人不同，文化不同，看起来荷兰人并不想在这方面限制我们的想象力。

我们从来都不是上帝

平顶之上位于杭州下属的桐庐县富春江镇，群山环绕，地势比较平整，有两个半足球场那么大。从谷仓门口的台阶上往外看，青山和云雾常年缠绵不息，富春江则永远静静流淌。

我们选了乌托邦的地址，做了基础建设，从全国挑选了15个居民，给出了基本规则。看起来，我们有很大的权限，我们是背后默默操控一切的那个“上帝”。可是，真的如此吗？老实说，在开播前，我除了知道我们选定了什么人，除了知道这片地方的最初模样，除了知道每个月的淘汰规则，其他的一切也都是没有概念的。是的，我们有编剧团队，只是这个团队在国外叫做content research team（内容研究团队），总编剧叫做content coordinator（内容协调者），实际上他们的工作更多是在做人物关系局面的分析研究，在做支撑剧情的对外联络，只是服务于剧情的一群人。

节目开播第19天，因为居民疑似得到了网络信息，“平顶居民私带手机入场”的怀疑声在网上铺天盖地。饭团、贴吧上各种质疑，要求节目组给一个交代。彼时，里面的居民全然不知外界的评价，还在他们缺少食物的生活中想办法突围，压力全部积压到了节目组。当天江浙地区有台风，暴雨下了一整天，山路部分塌方，到处都是被劈倒的树，上下山的吉普车只好暂时停运。我那天脸都没洗，着急了解情况，就打着伞一个人走路上山，和同事们讨论了一夜，但并没有一个明确的处理方法。因为，首先，我们也不晓得真相是什么，其次，在这样形态的节目中，我们如果直接介入，是有违节目哲学的。走到半山腰接到制片电话，批评我不服从安排私自上山，坦白说，我站在风雨里，非常无助。

我们最终还是介入进行了调查，居民孙铭交代了私自翻墙外出的全过程，当天晚上，我们决定让违规的孙铭离开节目——允许他再进去做最后的告别。事情并未就此风平浪静，其他14位居民不服这个决定，以集体退出相胁，跟节目组谈判。要去大门口跟这帮“造反派”谈的时候，中控室的导演送过来几支胸麦，说戴上吧，进直播要收声。我犹豫了一下，没有戴。再坦白一次，我不知道会跟他们谈多久，我甚至不知道能不能说服这些人，这个节目是否能继续录下去。为了播出安全，我们这一段拍摄了空镜头——我至今仍然为自己当时的懦弱后悔。因为事实上我们只用了 5 分钟，重申节目规则，坚持我们的决定，请大家相互尊重诺言、信守契约，事情就平息了下来。

讲这件事情，是想说，虽然居民们经常把节目组当作假想敌，虽然网友们经常诟病我们仿佛在插手，其实我们并非全知全能，并非强大无比，对于故事的走向，很多时候我们也是没底的。

但是这件事情，让我们慢慢理解了一点，就是在这个社会实验里，我们也是不可或缺的一部分，包括所有观看评论节目的网友们，都并非置身事外，大家共同构成了实验的全部。因此，在内容呈现上，其实门口那段谈话，完全应该直播出去。

做节目还是做实验？大写的纠结

抛开节目，如果我们做一个乌托邦的实验，让大家心目中的理想社会照进现实，这个实验应该怎么设定？大约应该这样：没有法律，没有成规，没有道德壁垒，没有既定身份的牵绊，人人彻底自由，高度自治，居民要自己解决医疗、安全保障，所有人都只为了建设一个乌托邦的美好愿景而一同生活。

而事实上，这样一个跳脱现有社会秩序、隔绝变量的实验，有可能存在吗？在现实中都基本不可能，更不消说在一个节目里面。

从选人阶段开始，这个纠结就有了。真正对乌托邦有憧憬，甚至在生活中已经在践行的人，其实对于参加一个真人秀节目是漠然的，因为实践是实践，并没有强烈的动机要直播给别人看。而真正有强烈意愿参加一个真人秀，且符合真人秀的表现力需求的人，大部分都更在乎自己的成功。这个实验只有一年，比这一年更加长远的、更有实际价值的是每个人的人生，15 个人能为了这个实验，牺牲自己人生中的发展机会吗？能为了这个实验，不在乎事后的网络评价吗？我们社会中的绝大多数人，还在为基本的衣食住行劳苦奔波，我们做一个重大抉择，利益注定是一个非常重要的考量因素。而乌托邦，不是一个满足个体利益诉求的工具。

所以在节目的操作过程中，一直需要节目组有这样的能力，即，要在每个居民的长远发展和在平顶的具体生活之间建立相关性。这个工作类似于在一家公司里对员工的目标管理，但是作为管理者的节目组，和居民之间又不是管理关系，因为我们并不承担每个人长远发展的责任。在节目哲学里，每个人的动机只来自于每个人对乌托邦的理想。

节目和实验之间，有着不可调和的矛盾，这个矛盾有一段时间困扰着我们所有的决策。西藏人有一句话，幸福就是刀口舔蜜，我们每天差不多也是这感觉。这个模式最令人兴奋的创新点，也是它最大的纠结点。

很多人在观看节目的过程中，质疑我们忘记了实验的初心；也有很多人觉得我们选人选得很烂，就是一帮演员在做戏；还有很多人觉得我们的剧情太慢，不如热闹的综艺好看。这些质疑、反对乃至大骂，不管是来自观众，来自行业，还是来自居民，我们从未有过心理不平衡，大家讲得都有道理，从一个单一角度去看，是完全正确的。且我们得承认，整个创作的过程中，我们的确走过一些弯路，摸着石头过河，呛过几次水。

在节目进行到一半的时候，我们在这个问题上逐渐释然了。这个创作，既不能极致地去追求实验的严谨性，也不能一味地把剧情的好看度作为工作选择的标准。它本来就是一个，社会实验，真人秀！在实验这个层面上，我们只能竭尽全力地去除变量，而同时，在节目层面，我们要在部分可控的元素中丰富剧情。

在失落的原地，重建价值观

这个节目的操作系统参照了John de Mol的另一个伟大作品《Big brother》（老大哥），都是封闭空间，固定摄像机，同时有竞争规则的设定。《老大哥》在全球播出了17年，核心的看点是以老大哥的视角，观察真真假假的人物关系，把人性中隐蔽的一面展示出来，结盟、欺骗、倾轧在节目中十分常见。尽管这个节目在西方后来被看作是一个相对轻松的策略游戏，但在价值观的底色上，它并不是一档温暖积极的节目。“Big brother”一词出自乔治·奥威尔的反乌托邦名著《1984》。

当我们不断追问《Utopia》和《Big brother》的区别的时候，荷兰人反复提到的词，是建设、协作和友爱。我想，在一定程度上，John de Mol在功成名就的十几年以后，试图在这个节目中，和他自己达成和解。

《我们15个》开播后，里面居民的表现显然还是让大家有点失望。愤怒和争吵时常发生，并且大家对规则很漠视，在淘汰投票的时候往往对人不对事，然后里面人动手能力差，还不团结，一个厕所居然修了半年！

那么是不是，我们比所有里面这些人，道德更高尚，为人更谦和，能力更强大呢？当然不是。

平顶出现的所有现象都是必然的，原因在于，选来选去，我们都不可能选出超越中国现实社会的居民。不管我们愿不愿意，15 个居民作为中国社会的一个小切面，每个居民都不会像高度发达的现代社会里训练有素的公民一样生活。就像荷兰版实际上也就是重建了荷兰正常的生活方式而已。当我们中国的居民进入平顶这个情境中时，每个人都会迅速找到自己习惯的方式去发展，表现就是没有民主经验、对人不对事，不会做集体决策，缺乏契约精神。理想中的乌托邦是一个非常高级的事物，它要求它的国民有高度的集体理性、文化水准和生活技能，甚至要求它的周遭也是一个高度理性发达的环境。在现实情况下，原谅我们，并没有能力在中国构建一个足够理想的乌托邦。

如果我们把这个世界当作一个客体，所有的创作者都是拿着一个画框，用自己的认知来框定画面内容，那么《我们15个》就相当于一个特别大的画框——几乎是最大的了——我们对现实所做的提取和加工非常有限。世界本来如此，我们只是如实呈现。平顶上的每个居民，就如同这世间平凡的你我；平顶的日子并不比我们的现实生活更糟，也不比我们的现实生活更好。

我和我的150多个同事，也是在这一年中，从地上捡起我们被打碎的价值观，一点一点又粘好。在这安静如水的山区里，我们学会了接纳不完美，接纳人与人之间巨大的差异，并且，试着去理解，试着离慈悲心更近一些。

生活中多的是庸常、不堪，愉悦和智慧本来就是短暂的，需要提炼能力、感知能力。在这个节目形态中，创作者并不做充分的提炼、加工和阐述，而是把这些体验交给受众来完成。不像市场上快餐食品一样入口就是爽的综艺节目，看这个节目需要深入的观察和思考，显然，这超过了中国当下社会普罗大众的阅读能力。因此，这个节目并没有获得一个广泛意义上的成功。对这样的结果，我们非常平静地接纳。因为我们坚信，在中国的视听史上，这注定是一个前所未有的创举。它不仅刷新了中国电视制作的工业化水准，同时也为这个浮躁的内容市场奉献了一部冷静专注的诚意之作。相信参与这个项目的30多家公司、机构，每一个人，都不虚此行。

在此，对我的领导，两年前力主做这个项目，两年来殚精竭虑、不计个人得失的马延琨女士表示最大的敬意！对给予这个创新实验高度支持、高昂投入以及最大包容的孙忠怀先生表示最大的敬意！

看起来，这世界上并没有“出世”，一个成年人，是由他几十年的成长一点一滴塑造出来的，他的每一句话，每一个选择，都是此前人生的呈现。也用不着逃离，或悲或喜，密码都在每个人的心里，天涯海角，与当下并无二致。

在许巍为《我们15个》创作的主题曲中，有一句很美，借此送给所有人：

“只要心里永存善愿和远方，渴望的生活就在此刻开始。”

王云鹏 /《我们15个》节目制片人

怎样玩一场史无前例的电视实验

在我们现有知识范畴内是很难说清《我们 15 个》的，因为它是世界电视史（姑且还叫电视史）上从未有过的实验。

在东方卫视播出首期精编版之后的今天凌晨 0:00，有超过 100 万人（1042137 人）通过视频网站或移动终端在线围观这 15 个平顶拓荒者的动向。此时我们隐隐感觉到了一点什么，但又很难勾勒出对这个巨型“生物”的完整印象——它的内在生长性的确给人以一种活体的感觉。

“实验”这个词很诚恳，这是腾讯视频对这个节目的定义。这就是一场堪称魔幻和梦幻的实验，无论对于电视语言、泛传播模式，还是对于社会意义而言都是如此。

腾讯视频《我们 15 个》宣传海报

一个制作体系的实验

腾讯视频在这个项目上所需要的勇气和投入，是很多平台不敢想象的。“几乎是重新开辟了一个全新的世界。”基建负责人告诉前去探班的“广电独家”记者。而在制作探索上，腾讯视频也正在走入一个全新的世界，他们搭建了一个史无前例的宏大而精密的制作体系。

《我们 15 个》投资过亿，算是梦幻级了。但大投资在如今拼豪华的电视综艺界并不出奇，请几个一线明星就几千万上亿了。腾讯视频的独特就在于：这些钱没有一分花在请明星上，全部用在了电视系统的搭建和制作上。

《我们 15 个》由腾讯视频投资制作，节目模式是与荷兰 Talpa 联合研发，制作由腾讯视频进行整合，外方提供技术和制作上的指导，东方卫视是这档节目的电视播出平台，同时也参与了节目制作，电视版的后期剪辑由 SMG 幻唯团队来完成。

“目前 2 亿元基本上已经花完了。”腾讯视频综艺部总经理兼腾讯视频总制片人马延琨告诉“广电独家”，这档节目前期的主要开销来自两个方面，一是基建，二是技术统筹。制作上的费用没有办法省，在她看来，作为一档全年 24 小时播出的节目，折算下来这样的投入并不算大。

腾讯视频于 2014 年 11 月 25 日第一次对外发布《我们 15 个》项目

腾讯视频总制片人马延琨对这一季《我们 15 个》充满了兴奋和期待

① 基建挑战

从 2014 年 11 月底选中目前的拍摄基地、12 月份开工，这档节目光基建就用了将近 7 个月的时间。远离城市的选址、24 小时全景式隐蔽拍摄，对基建提出了很高要求。

1.2 万平方米的生活场景全部新建。通往平顶之上的道路崎岖陡峭，全部人员和物资靠几辆越野吉普车往来运送，废旧工厂、牛棚鸡笼、活动区域都靠这种非工业化式的方式建造而来。

拍摄基地中一共设置了 120 个摄像机，以及两台 360 度摄像机，同时共 80 路麦克风进行收声，全方位对 15 个人的生活、举动进行记录与呈现。

南方多雨潮湿的天气为这个项目带来了不小挑战。据马延琨介绍，之所以选定现在的拍摄基地，主要是觉得“比较漂亮”，符合对拍摄场地的想象，但后来发现气候问题比想象的要大。潮湿多雨多雾，让遍布基地的摄像机镜头很容易被打湿。

“无数的光纤和电缆埋在地下，一旦一处出现问题，就要重新挖出来进行调整。”基建负责人介绍，这些摄像机和麦克风设备的安装和调试花费了大量的时间和精力，防雾和防雨成为了需要首先考虑的问题。

平顶远眺

② 技术体系搭建

《我们 15 个》的制作鲜明地体现了腾讯这家“技术控”企业的特点，这与传统电视偏向于手工作坊制作有着巨大的差异。

《我们 15 个》的生产流程主要解决了两个问题，一个是 24 小时直播的切换和影像收集的问题，一个是从 24 小时的内容中迅速整合出 30 分钟的电视版在当天播出。这是在世界电视发展过程中还没有出现过的大工程。

在技术统筹和制作流程上，采取的是前所未有的流程式作业。节目制作团队中的所有工种从功能上来讲几乎都是全新的：导播不仅要导画面，还要导声音，而摄像必须要具备编剧思维……

节目从前期到后期总共 100 多人，“这是一档‘强模式’节目，集体的力量非常重要，没有严密的流程根本没有办法做到。”马延琨说。

在与 Talpa 进行联合研发的过程中，外方除了提供技术上的指导之外，流程管理也是双方共同研发的一个重点所在。

两个平行世界的实验

“技术是为了让观众有更好的体验，而不是为了炫技。”在马延琨看来，所有一切技术手段都是为了保证“伴随式”的真实呈现。

“伴随式观看 + 代入式体验”——这是这档 24 小时不间断直播节目给自己的定位。

①“伴随式收看”源于真实

作为一档纯素人 24 小时直播节目，真实性和伴随性成为其主要特征所在。直播的魅力主要来源于两点，一是不可预知的真实，二是为观众创造一种共时性的场景，即我与你同在的体验。节目没有规则、没有任务，因此这两点体验非常重要。而网络碎片化的收视习惯，也为伴随性收看提供了基础。真实的伴随、让用户深度卷入是《我们 15 个》的理想状态。

电视是从电影变型而来的，电影的“沉浸式体验”到了电视虽然有所减

15 人之外的平顶居民——奶牛

弱，但也要求观看者要在一段时间内集中精神，这是由于电视节目还是高浓缩和强情节的形态。而《我们 15 个》是一个没有剧本的在线记录产品，人们闲下来时过去看两眼，或许看到这些人在锯木头、种地，或许只是去听听蛙鸣鸟叫、看奶牛吃草……这种无设计的动态推动构成了节目最大的魅力。

时间真实，与观看者的时间同步；人物真实，都是我们身边可见的人物；事件真实，无设计、无剪辑原生态呈现，未来是未知的——《我们 15 个》打开了一个平行世界，打通了一个现代人可以稍微逃离的通道。

②“代入式体验”源于互动

观看者成为平顶上的第 16 个居民，每一个人在观看的过程中都能够进入其中找到自己，对自我进行审视和观照——这是《我们 15 个》想要达到的理想状态，制作方相信，这是吸引观众的最本质内核。

互动不一定要发弹幕、评论以及虚拟线上送花，观看者内心产生了情感倾向就是有了互动，这种互动有个心理学名词——“投射”。

从《我们15个》宣布选手招募以来，总共有超过10万人报名，也就是说，目前出现在节目中的这15个是经过万分之一的筛选后的搭配组合。15个人代表了不同的年龄、性格、阶层、地域、价值观、生活方式等，典型性是选人的标准，即他们每一个人能够代表社会上真实存在的某一类人，从而让观众产生代入感和共鸣度。“平顶之上”也因此有了“社会模型”的即视感。

从目前所呈现的状态来看，15个人的性格都已经展现出来，网友已经对这些人投射了好恶与情感，并起了外号：“辣妈”“汐哥”“鬼哥”“蘑菇头”“哈佛女”“易大师”“胖虎”“肌肉男”“华仔”“希女神”“黑妹”“辉哥”“嗲声妹”“半半”“谭阿姨”。

生活实验类节目是《我们15个》的定位，15个人远离原本的生活，在一无所有的情况下用自己的方式重新建立理想的生活方式和家园。这15个人在各自的生活中都有着自己的标签和故事，或如意或不满，对于生活，他们有着自己的理解，而来到平顶之上，一无所有，重新开始，他们过往的印记必定影响对新生活的建设，他们的现实生活也必然被平顶的经历所改变。

《我们15个》首发居民海报

在马延琨看来，他们参加节目的动机是节目选择他们的重要标准，即是否对生活方式有一个重新的定义或者自己的倡议。

这 15 个人并非固定不变，亦有淘汰机制，而这个淘汰机制并非是因为谁是谁非，而是基于共同建设的目标。

每月第四周为淘汰周。每月第三周官网公布 3 名新居民候选人，开放投票通道，由通行证用户从中选出 2 名候选人。

每月第四周周一，15 个居民以每人 3 票的权利选出 3 名居民进入淘汰危险区。同时，2 名候选人进入平顶，与 15 位居民相处 5 天。

到第四周的周五晚上，由 15 个原居民在 2 个候选人中选出 1 个新居民留下，余下的离开；24 小时后，即第四周周六，由这个新居民决定 3 名危险区的原居民谁被淘汰。

一年 12 个月，每月进入 1 位新居民，淘汰 1 位原居民。

这种机制是因为一个社区需要不断补充新鲜的血液才能创造新的价值，才能为共同建设这个目标奠定基础。这种机制也带来了悬念和强参与感，为未来的盈利创造了空间。

平顶始终与现实生活保持着半隔绝状态

三个终端产品的实验

《我们 15 个》的播出方式也是前所未有的，号称“梯级播出”——

1. 电脑 PC 端：用户目前可以通过《我们 15 个》官网 24 小时无死角观看全程直播。

2. 移动端:“腾讯视频”客户端中可以观看直播、花絮和精华版；“我们 15 个”客户端中可以任意看 4 路镜头 +2 个 360 度全景镜头。

3. 电视端：周一至周五每天的深夜零点，东方卫视都会播出半小时的当天精编版本。这 30 分钟由 SMG 幻唯团队进行剪辑，是更电视化的呈现方式。

网台互动并非新鲜手法，但触及这样的合作深度还是前所未有的。

东方卫视中心总监李勇认为，这档节目完全符合东方卫视选择节目的标准，它像一面镜子反映了社会横截面，同时类别领先、模式有力，因此在当初一拍即合，决定播出电视版，目前放在深夜零点播出，不排除后续进行时段调整的可能性，进入黄金档也是有可能的。

马延琨介绍，当初这档节目因为其日播和全年播出的方式所限，并没有计划一定要在电视平台上播出。如今的网络版和电视版的区别绝对不会体现在尺度上，电视播出版本与网络版本的尺度一致，团队的核心理念就是“不靠尺度，靠温度”。

这几种方式虽然还是延续了“播出”这个说法，但这几个终端事实上已经形成了不同的产品，分别呼应不同收视人群的心理特征，未来它们也将形成各自的盈利模式。

东方卫视播出的日播节目是一个纪录片形态的电视产品；而在另外两端尤其是移动端上，腾讯的社交基因和游戏基因得到了淋漓尽致的展现。

“腾讯视频”中主要是“直播节目 + 弹幕”的形态，打开或者关上弹幕，让节目呈现出“安静”和“热闹”两种气质，宛若 2 个不同的节目。

“我们 15 个”专属 APP 客户端则由于有“用户主控画面切换”“加油瓶”“投票”等功能，让人油然生起玩网络游戏的感觉。用户在这里不仅遥控镜头、切换画面，还可以点评、吐槽甚至影响节目进程：如选出自己喜爱的选手，以及在每个月新进驻居民的选择中发挥影响力。

这一切达到了制作方所预想的状态，即网民的深度互动、代入和参与，让用户成为平顶的第 16 个居民。

进行多元化的探索是腾讯视频在自制内容选择上的一个重要目标，马延琨告诉记者，这是当初之所以选择这档节目的一个重要原因，无论从内容形态还是制作播出都是一种全新的探索和尝试。

“15 个人，是构成一个社区的最少人数，他们通过自己的方式建设自己理想中的生活，虽然这个挑战和尝试的过程可能会不尽如人意，但他们重新建构的过程将被观众所审视，甚至直接代入与参与，这正是这档节目所要传达和建造的。”马延琨说。

（转自《广电独家》，作者：罗姣姣）

真人秀究竟能有多『真』

真人秀在诞生之初就以“真实的戏剧性”这一特性而获得了区别于电影、电视剧的独特观看体验——自从 1973 年美国公共广播电视网播出《一个美国家庭》(An American Family) 起，人们就打开了一个通过镜头观察他人生活的窗口。

不同于同样强调“真实”的纪录片，真人秀具有像电视剧一样的大体量、连续性播出的特点，悬念性和戏剧冲突更强。而与强调“戏剧性”的电视剧相比，它又有着纪录片式的真人真事和无摆拍、无台词的特点。可以说，它是一个杂交品种，一个混血儿，也有着杂交农作物一样强劲的生命力。

真实是真人秀节目的基础，不论镜头玩得如何花哨，戏剧冲突如何充满张力，一句“是假的，设计好的”就会让它的魅力消失一大半。因此真人秀节目一直在竭力维护一个真实的外貌,“假”就是它的生死命门。

但近些年来，真人秀却走上了另外一个轨道，加入了更多的人物设计和人为的戏剧冲突。随着韩式户外真人秀的走红，明星真人秀成为了中国荧屏上的主流节目品种。明星真人秀中，有“角色担当”，有专职编剧，加上明星们配合卖力的表演，节目也就越来越远离了“真”而偏向了“秀”。

国家新闻出版广电总局在最近发布的《关于加强真人秀节目管理的通知》中这样强调:“真人秀节目要体现真实和真诚，应反映人在特定情境下的自然活动和真实情感，符合事物发展和人际互动的一般规律，不能为了追求戏剧化效果，故意干预事态发展、违背生活逻辑，设计制造与日常生活经验反差较大的环节和‘看点’，引起观众对节目真实性的质疑。”

明星真人秀有着较强的娱乐功能，可以是荧屏中的一类，但不应该成为压倒性的节目品类。上述被网友称为“限真令”的新规将为真人秀节目正本清源，使其回归到社会观察功能——观察人，观察人与人的互动，观察社会结构的形成。观众可将他人的生活经验与自己形成比较，视线向内观照自身，进而形成对生活的思考。

那么，真人秀究竟能够达到多么真实？今年，腾讯视频进行了一次“任性”的实验，这就是最近引起广泛讨论的《我们15个——平顶之上》。

平顶的自然风貌

说它“任性”，是因为这档投资过亿的节目要持续播出一年。不但15个“居民”在平顶之上一年的生活要被24小时无死角全程播出，在平顶之外也有两三百人的团队要日夜不停地忙上一年。

仅就节目而言，这个实验有着十分积极的意义。从小处看，它探索了真人秀能够到达的真实的极限；从大处看，这是一个观察社会形态的窗口，无论对于社会研究者还是对于普通观众而言，其因围观而激发的思考能够泛起多大的回波，是远非现在就能够测量出来的。

真实人物，真实个性

为什么是15个人？

公众号“骑行西藏”有一段叙述可以解释：

> 在骑行西藏的途中，4～5个人的团队是最容易稳定的，超过10个人的团队，一般都会分成2～3个小团队，极其容易出现争吵而散队。古代的军制有一个最小的军官——伍长，也就是5人为一队。
>
> 要在15个人里产生一个真正能让大家认同的领导，不是一两次投票就可以完成的，必然要在过程中经历很多事情才能达成。而这些人，每个都有自己的目的，说服更多人认同自己的想法，是必不可少的一个过程。
>
> 所以用拉帮结派、搞心机来指责他们是不对的，这是一个团队形成的必然过程。再宏伟的梦想，你也必须找到认同你的梦想的队友，才能实现。

下一步，要选择什么样的人？

“不知道节目组为什么会选这样的人？为什么不多找几个农民、建筑工人？看这几个人笨手笨脚地干活真急人！”在《我们15个》APP的论坛中，有围观者这样吐槽。

答案很简单，这不是一个农业或者野外生存类的节目，它要模拟社会形态，以便观察。

节目组选的是可涵盖社会各界的普通人，年龄覆盖老中青，职业覆盖工农兵学商。比如网友最爱的吊车司机刘富华，他以前的生活是每天跟水泥钢筋打交道，他从平顶出来接受采访时说："以后我也还是指着这个工作吃饭，我跟娱乐沾不上边。我上有老下有小，肯定还要继续做我能做的事。"

把技能不一、性格差异极大的 15 人聚在一个封闭的空间中，就像把一堆铁屑零散地撒在几块吸铁石边，会因各自的引力、斥力而自然聚拢。

技能不一、性格差异极大的 15 人聚于平顶

进入平顶后，刘洛汐和肖凡凡难以相处。“我们不是一路的，我都不敢跟她讲话，无法正面交流。淘汰时她投了我票，我还主动过去讲‘我没事，我能理解你’。她说‘当然能理解，我投你，就有好戏发生’。这种交流很艰难。我已经放低姿态去沟通了，还是沟通不了。”刘洛汐在被淘汰后接受采访时说。

这就是生活的本来面目。因为拍摄时长长达一年，人是无法伪装 24×365 小时的，所以真实个性最终都会充分展现出来。刘洛汐进平顶后第一天“绷了一下，忍着别那么夸张”，第二天就绷不住了，后面就都是真实个性的展现了。

因为全程直播无剪辑，也没有办法在高潮处增加配乐，在低沉处起承转合，所以一切都是真实而原生态的——愤怒就是愤怒，压抑就是压抑，冲突就是冲突，欢乐就是欢乐。导演的意志只在于选择哪路播出信号。

规则严格，节目组绝不介入

节目目前开播仅一个半月，节目组已经因为不能干涉居民行动而遭遇了数次意外。

7 月 22~26 日，平顶之上迎来了最动荡的时期。7 月 22 日，刘洛汐出乎意料地被新人投票淘汰出局。当晚，她的 4 个小伙伴提着箱子堵在了平顶门口，要跟刘洛汐一起退出节目。

导演组与居民们交涉，要他们按照规则，度过 24 小时冷静期。7 月 23 日，经过 24 小时的冷静期后，4 个人决定留在平顶。但紧接着，易秋与刘富华发生冲突。7 月 24 日，刘富华经过 24 小时的考虑之后，认为自己的状态已经不适合在平顶继续待下去，决定退出节目。

刘富华走后，队长聂江伟日益暴躁，终于在 7 月 26 日与韦泽华发生激烈冲突，聂江伟也因违规而退出了节目。

4 天之内，3 人离去。平顶之上只剩 11 人（刘希因家事请假未归）。这 4 天的事情完全出乎节目组的意料，根据这个节目的规则，事态走向也是节目组无法操控的。

部分工作人员合影

在这个节目中，一旦15个平顶居民的首发阵容确定，节目组就只有每月向他们推荐2位候选人的权力了，每月淘汰谁是由居民们自己投票决定的。

所以我们看到了让节目组哭笑不得的事：性格最鲜明、最能引发网友互动的刘洛汐最先被淘汰了，后续应该很有看头的“平顶之恋”戛然而止，点击量、收视率怎么办？而随后刘富华、聂江伟的违规离开，一定也是节目组始料未及的。有人调侃说，导演组已经哭死在播控台上了。

这也让我们不得不相信，节目组确实没有介入这个自行运转的小生态。没有大纲、剧本，事态循着这15个人的情绪震动而自行向前发展，一切都是不可知的，这正是这个节目最大的魅力所在。

有人担心，如果“失控”，节目会不会最终走向了展现负能量。其实《我们15个》的模式设置中对此早有准备。

之前的歌舞竞赛类真人秀或生存挑战类真人秀，无不是通过 PK 淘汰弱者留下强者，最后决出一位英雄，或获得巨额奖金，或获得工作机会。《我们 15 个》与这些真人秀完全相反。不管谁去谁留，获胜者永远是“我们 15 个”——站在荣誉顶峰的是一个团队，而不是某个技艺超群、单打独斗的超级英雄。“不断磨合，走向团队合作”是在这个节目的模式中就预设好的。

居民互相投票的规则也决定了并非能力强就能留下：能力强、个性也强的人被淘汰的风险很大；能力一般、个性温和好相处的人反而较为安全。

这样的规则之下，在团队磨合过程中虽然不断会有小的争吵，但绝对不会出现“不是你死，就是我活”的搏杀。因为这本就不是一个造星的节目。

技术带来新的可能性

固定摄像头真人秀早在上世纪 90 年代就已经出现，但那时的技术难以达到这样的高度：今天，120 路摄像头可以无死角地覆盖室内室外偌大的区域，那些高清镜头的表现力一点也不亚于电视剧。

从某种意义上说，固定摄像头节目比纪录片更加真实。这是其技术优势决定的：比起被摄像师跟拍，人们更容易对固定摄像头习以为常。

《我们 15 个》节目组中央控制室

《我们 15 个》还有一个优势，拍摄时间长达一年，即便居民们刚进入平顶时会因为有镜头而有所拘谨，后期也会逐渐熟视无睹。

“只有三个时候会意识到有摄像头：第一，在床上换衣服时；第二，在洗澡的时候；第三，上厕所的时候。这三个时候对镜头意识感很强，其他时候忙得没时间顾这些。”刘洛汐回忆说。

乔布斯曾经说过：“创造无非就是把事物联系起来，即便是最不可思议的创意，通常也不过是对已有事物进行新的组合。”

今天，新的摄像技术、云存储技术、网络传播技术，为真人秀最大限度地接近真实世界提供了新的可能性。

后续可能还会有更多这样的节目出现。这让我们对未来的节目形态充满了好奇与期待。

（转自《广电独家》，作者：唐顺荣）

选人故事记录

从 2014 年年底，腾讯视频的官方微博上发布"'暂别一年，与理想私奔。'去经历些从没经历过的人和事，丰富自己的人生"的招聘号召之后，大量的人参与到微博互动之中，其中不仅有大 V，还包括普通大众。

12 月 26 日，腾讯在微博上郑重发布：北京站面试拉开帷幕！一大早，北京 798 园内就人才"挤挤"了，看他们一个个正襟危坐的样子，为何我隐隐看到一束欻欻欻的光芒？看面相，大家觉得他们都深藏了哪些绝技？还是瞬间觉得自己充满战斗力，也想来试试？

当日，长春国贸等大 V 集体在微博发声：2014 年年底最大事件！两三天内 11 位明星名人收到神秘礼物，集体表示"暂别一年，与理想私奔"。众多粉丝骚动不安，暂别一年去哪里？理想是谁？"我们 15 个"是什么？坐等后续发展……

名博曾雅娴 yx："暂别一年，与理想私奔"……假如我有时间，也想扛着铁锹帐篷，邀几个朋友，来一次与理想的亲密接触，去月凉（朗）星稀的山野，去无人相识的村庄，有想参与的小伙伴们可以加入哦。

博主陶志波：和《我们 15 个》要一同“暂别一年，与理想私奔”要的不仅仅是勇气，更有耐得住思念的毅力。Into the wild 也好，远离喧嚣也罢。最想带的，除了木箱里的吃食（竟来自美国国防部）和急救物，当然还有对亲朋好友或者爱人的牵挂。它们能让我走得更坚强，你也敢来吗？

12 月 28 日，腾讯视频继续抛料：参与者不但年龄跨度大，职业更是五花八门，现场万人报名者中的 300 精兵悍将正在圆桌会谈中，选手们瞬间进入了“埋头苦干”填表格的状态，这是个考试的季节吗？ no！这是《我们 15 个》技能挑战的季节，come on，一起来！

《我们 15 个》北京站面试现场

导演组紧张进行首轮人员筛选

《我们 15 个》北京站面试现场卧虎藏龙，各色牛人齐聚，一眼望去每个选手都个性十足，挖掘机司机、驴友还不够，歌手、职业模特都上了，更有国外博士不远千里赶来面试，还有警察叔叔哦……

当日，后博寒微博中说：有时候，理想是一场放浪不羁的攀登。城市人所缺少的那一份探索的勇气与纯真，在《我们 15 个》里可以遇见，最美的风景当如是。

到 29 日为止，每一场面试都有不止一名中年或刚步入老年的报名者，他们前半辈子为丈夫子女而活，到了安享晚年的时候都想“现在该到为自己活一回了，也该追寻一下自己的梦想了”，一位河南奶奶更是在面试时坦言“这节目简直就是为我量身定制的”。

微博小编都不由发声：爷爷和奶奶都来追逐理想了，年轻的你还在徘徊吗？

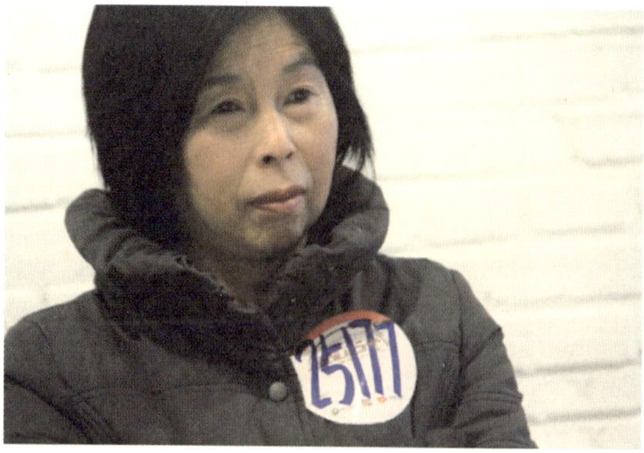

欲参加《我们 15 个》追逐梦想的爷爷奶奶级选手

颜值如此高的妹子却被淘汰？！

北京站面试正式落幕，结果令人咂舌:这么多高颜值妹子被淘汰。众人疾呼:可惜呀！“我们15个”到底想找什么样的人呢?

年末最后一天，腾讯官方微博推文:“2014即将远去，曾经的愿望实现了多少？ 2015如期而至，是否要丢掉平庸！丢掉浮躁！丢掉喧嚣！过一个不一样的2015？关注‘我们15个’官方微博，转发此微博+话题‘2015换个活法’，并说出你最期待的新生活方式,《我们15个》和跨年礼品在2015，等你！”

2014历历在目,2015触手可及。今夜，你在哪里？在做什么？“我们15个”和全国各地正在忙碌的人们与你相伴，倾听你的声音。

截至节目播出之前，整个报名过程共收到13万份简历，导演组首先从这13万份报名简历中筛选出2000多位候选人进入面试环节。首轮面试在北京、上海、广州、长沙、成都、沈阳6个城市展开，经过这轮筛选之后，只有不到200人进入到二轮的深度面试。更加严格的是第三轮面试，导演组启用了背景调查、心理评估、压力面试等多维度考核方式，力求全面、立体地了解选手信息。

随着节目的开播，选手们的经历也被网友一一扒出："心机姐"刘洛汐参加过湖南台的《星姐》选美、大厨郑虎录制过央视《星光大道》、台湾辣妈张婷媗还当过《康熙来了》的嘉宾……这些"证据确凿"的演艺经历，着实让网友感到疑惑，"不是说素人节目么？为啥组队来了半打艺人？"

对此，余哲导演表示，在浩瀚如海的报名简历中，小有名气的演员、歌星比比皆是，相比之下刘洛汐、郑虎这些人顶多算是个"网红"。"他们在现实社会中都有各自的工作，并不以演艺事业为生。比如刘洛汐是服装店老板，郑虎是酒店经理，张婷媗是健身教练，他们离职业艺人还差得很远，顶多是有过综艺节目的录制经验。而节目组之所以将最终目标锁定在这 15 个人身上，经历过程的复杂程度难以想象。

那么问题来了，在如此繁复艰难的选人道路上，有没有雷打不动的规则？

"居民进入平顶，意在暂时告别现实生活的种种，在有限的条件下去寻找生活的另一种可能。"这是《我们 15 个》的立意，也是居民踏上平顶必须要有的动机。导演组对于选手动机的严格把控，也让不少有看点的报名者因"动机不纯"与节目失之交臂。

据导演组透露，在海选过程中，有某省级卫视女主持报名，她形象出众，但技能平平。在问她参加节目的初衷时，她坦言："我做主持这么多年，身边的人通过各种正常不正常的途径都火了，所以我也想搏一次，哪怕只参加一两个月也行。"毫无疑问，她被导演组直接 PASS 掉。还有更离谱的，一个身家千万的商人在面试失败后仍不愿放弃，他大呼"为什么不选我，我有钱啊，我可以给你们节目投资、赞助……"

"对于这种选手，还是及早拒绝为好。"能顺利经过三轮面试的备选者，最后只剩下几十人。这时导演组便开始有意识地考虑选手的配型问题。首先是年龄的判断，即这些人中，需要有 50 后至 90 后的各个年龄层；其次是职业背景，工农商得齐全；再次是文化背景和性格，高知要有，草根也不能缺。

在不含表演性质的《我们 15 个》中，居民间的性格差异将是推动节目故事线的重要因素。"15 个性格迥异的人，能够形成互补，他们对事情的看法也会不同。"腾讯视频综艺部总经理兼腾讯视频总制片人马延琨说，"不光是这个节目，任何一个团体的发展，都需要其成员保有相对独立的个性。想象一下如果把马云、李彦宏、张朝阳这些类似的创业者放在一家公司做事，他们的结果会怎么样？”在同一个动机下，15个人实现它的方式不同，才会有矛盾冲突，观众才会爱看。“比如刘洛汐，她就是典型的直性子，还有点情绪化，任何情绪到她那儿都会放大，变得有戏剧性；再比如谭利敏，她可能就是个比较难搞的老太太，但她年纪最大，就做一个镇场子的又能怎样？”马延琨开玩笑地说。

最后还需要评估的是选手技能了。居民要在平顶生活，必然要具备各种生存技能。“种地的、做手工的、搞销售的、做外联的，这些都要有，这并不是胡乱搭配的。”马延琨说，“在15个人形成的小社会里，农业、商业、养殖、建设，这些标配都会一一考虑到，因为他们要在平顶生活一年，不会只局限在‘生存’两个字上。随着平顶的发展，他们的技能都会一一施展。”

正如马延琨所说：节目实际上浓缩了当下现代人对爱、理想、竞争、创造、幸福等命题的真实思考，呈现了浮躁的现代人是否能够回归初心，重构价值的“超凡实验”，这是一档充满创造力、正能量的节目。15位背景迥异的陌生人，将如何生存与发挥创造力来探索爱与幸福？等待他们的是温暖幸福还是寸步难行？

在这种严苛筛选下，选人导演组的30多个导演基本是不分昼夜地工作了半年时间。他们常常自我调侃：“选人就像扒皮，扒了一层又一层，感觉以后永远都不想面试了。”即便如此，导演间对选手的去留还是会有意见分歧。大家对居民的认知不同，互相间拍桌子瞪眼也是家常便饭。

最终，在导演组激烈的讨论和反复的比较搭配后，产生了15位首发居民。

15 个人——不，应该是始终保持着“15 个”数量的人们——暂别过往，在一座荒无人烟的平顶之上生活一年，他们不仅时刻面临着生活的压力，还要想方设法实现自我价值的裂变。在这个过程中，他们会一直处于与自己、与他人、与自然的对话和博弈中，通过不断的碰撞、冲击与和解，实现全新生活方式及文化生态的构建。由于生活环境的骤然改变、人际关系的不断更迭、不可预知的发展前景，他们在每个阶段，是以何种生活方式生存？如何打造居住和外部环境？如何处理“家庭”内部的关系？如何一步步建立起更适宜的制度呢？

上篇

那些事：在一起的365天

一 走进平顶，踏入未知的第一步

①平顶第一天，仙人掌夜宴

15个平顶居民，来到平顶之上的时候，已经是下午的时间了，在夜晚来临之前，他们首先要解决的是最基本的吃饭问题——把饥肠辘辘的肚子填饱。

做完简单自我介绍后，在聂江伟的提议下，大家纷纷走出谷仓，开始行动。一个最主要的任务就是寻找可以吃的东西。

就在郭道辉布置"蘑菇头"刘志轩寻找食物的时候，有着丰富野外生存经验的孙铭，已经找来了仙人掌，并让快乐简单的吃货郑虎帮助拔掉仙人掌上的刺，准备切丝用盐凉拌。

我们15个
平顶之上

平顶第一天，居民们只得以仙人掌为食物

这件事，在绰号为“胖虎”的郑虎的回忆中，是这样说的：

孙铭就说仙人掌可以当菜吃，他采回来了很多仙人掌，让我去把上面的刺给剔除，我当时心里就在想，这真的可以吃么？但孙铭说能吃，也很好吃，很清香。等到吃饭的时候，我不想吃仙人掌，但他说你可以试试，还让我蘸着盐，我就吃了一口，嚼了两下我就吐了出来，实在吃不下，但当时对我们来说这都是很珍贵的食物。

在军人出身的孙铭看来，当务之急是生起火来，做一顿热气腾腾的晚餐，而生火的办法，是用最原始的打火石。在平顶之上这样潮湿的环境里，用打火石生火并不是一件容易的事儿。

终于，孙铭用易秋带来的镁条和刀子擦起的火花，点着了有点潮的纸。刚刚点起来的火，被潮湿的茅草压上去之后冒起一阵浓烟。61 岁的上海财务管理者谭利敏阿姨，赶紧把自己带来的扇子拿来，小心扇动，火总算是着起来了。

但是，过于潮湿的茅草终究难以燃烧，火苗越扇越小。看着在那里折腾着想办法的孙铭，谭阿姨一边扇着扇子一边念叨着："如果这个东西不解决的话，咱们没法吃饭。"

"是的，完全有可能是今晚吃不上饭。"无计可施的孙铭对围着茅草寄予希望的居民们说，"要做好思想准备，这个火如果燃不起来，第一顿饭有可能出现问题。"

搭建好简易厕所的聂江伟和刘富华，还盘算着吃完饭再把简易厕所修缮一下，而拔完了仙人掌刺的郑虎也抱着一把茅草，过来看看生火的情况。但是，茅草覆盖的火种最终还是在大家期望的目光中熄灭了。

天色越来越暗，第一顿饭遥遥无期，饥饿的居民们开始啃起了仙人掌。

在"这玩意儿不好吃""没味道"的吐槽声里，拔掉刺、去掉毛的仙人掌，被居民们蘸着盐和红糖当成了来到平顶之上的第一顿晚餐。

在之后的一年里，郑虎一直负责为 15 人做饭，他对初始时期的吃饭问题记忆深刻：

> 食物的短缺，很长时间都是我们的一个重要问题。记忆深刻的是一次午饭，好像是做了馒头，炒了土豆丝，那个时候都是我来分菜，就在吃饭的过程中刘大哥问我："小虎，是不是每人只能盛一次菜？"我说："是的。"他说："为什么有人可以盛两次，而我干了这么多的活为什么只能盛一次？如果这样的话我可以不吃饭。"
>
> 其实事实是这样的，每人盛一次菜，一次是两勺，刘大哥只看到了别人去盛了两次，没有看到他是分开盛的，每次只盛了一勺。这个事情至今我都是很难忘的，因为当时的食物短缺，我也能理解他的心情，毕竟我们是十五个不同的人聚集到了一起……

② 有限的钱该怎么花呢

2015年6月23日，平顶首批15个人刚刚入住，在大家开会自我介绍期间，有人从箱子里翻到了5000元初始资金。恰好谭利敏阿姨说自己是来自上海的一名会计，炒股多年，于是大家决定把钱交给她保管。

仅有的5000元现金，是15个居民所有的生活启动资金。面对这有限的资金，大家都不由踌躇起来：这钱应该怎么花才能保证用在“刀刃”上呢?

大家刚刚进入到这个陌生的环境，思维一时都没有完全调整过来，这在他们花钱的时候可以看出，每当需要什么东西的时候，第一个想到的就是花钱买。从进入平顶开始就在不停地买东西。6月24日，平顶15个居民达成一个共识：先解决吃饭问题，买了大米、蔬菜、油盐等必需品，花了800元。

紧接着，两头奶牛相继病倒，居民又联络兽医来看病。入住平顶第三天，就花掉了启动资金的五分之一，加上今后需要支付的水电费、话费、药费，他们将面临严重的财政危机。

在这种情况下，居民们迫切需要寻找“商机”，赚些钱来补充一下告急的财政。

刘洛汐计划在平顶之上开办培训班，让15个居民教附近孩子的文化课知识与生活技能，赚些培训费以解燃眉之急。在宋鸽的联系下，饥饿的居民们终于等到了初期唯一的外部联系人——卖菜大姐的到来。刘洛汐立刻起身，不遗余力地向大姐介绍自己的家教计划。然而卖菜大姐根本没有兴趣，她说:“你们交通不方便，别人也不相信你们的实力。我们孩子去镇上的培训班，一个月650块，有空调，还包饭。”刘洛汐咬咬牙，把价格降到550元，但大姐仍说不会有人愿意把孩子送来。而且，在计算菜价时，在原价787元的基础上，大姐还坚持另收13元的“辛苦费”。

刘洛汐没想到，在外面年薪20万的自己，有一天还要因为几百块的培训费和十几块的菜钱跟人计较。倍感挫败的她在送完大姐之后有些哽咽，随后她一个人走到牛棚，对着奶牛说:“我说那么多，还是没有用。”说着说着，她再也控制不住，在牛棚里号啕大哭。

生存艰难，刘洛汐情绪崩溃放声大哭

三伏天的平顶酷热难耐，没有空调和风扇的居民只能自嘲“心静自然凉”。然而，让人无法心静的是，再过两天平顶就将彻底断粮。海带还能吃三顿，馒头还能吃四顿，负责做饭的郑虎对此非常担心。肖凡凡甚至提出要卖掉自己的项链以解燃眉之急，但是遭到了宋鸽的阻拦，肖凡凡委屈地哭了，回到谷仓后，还赌气地扔掉了项链。

在大家焦急万分的时候，闯入平顶的笔店老板给居民们带来了第一份工作——组装 2000 支笔，报酬为 100 元。

7 月 15 日是 15 个居民来到平顶的第 23 天，超市沈老板为他们送来米、面、菜籽、工具等，应收 602.5 元，实收 598 元。至此，居民的全部资产只剩 3 元，还欠了医生 169 元的药费。这让大家心情格外沉重。

庆幸的是，笔厂老板前来验收居民的劳动成果。居民搬出三麻袋组装好的笔，刘希自豪地说居民们仅用三个小时就组装了 1523 只笔，而且已经自行检查两遍，没有问题。老板也十分满意，没有细点就十分爽快地付给居民 80 元工钱。

经过了十多天的努力，尝试了联系家教、办体验营、卖手工钱包等方式之后，居民终于赚到了平顶之上的“第一桶金”。大家都难掩激动的心情，当天又跟沈老板谈了手工品合作。

同时，在晚间的平顶大会上，刚刚看病归来的张婷媗鼓励所有人不要放弃，并决定尽快实施“七天马甲线计划”，帮大家一起赚钱。

7 月 23 日早餐时间，年长的聂江伟、谭利敏二人谈了自己今后的打算，谭利敏告诉聂江伟自己要开始得罪人了，她打算接过“财政大权”好好管账。

吃过早饭，谭利敏立刻和宋鸽谈起了财政现状，并开始制定财务计划，态度比较强硬。谭利敏详细地统计了居民一个月的花销，削减了一些开支。考虑到一些居民比较浪费，她决定针对每个人实行定量分配。

聂江伟支持谭利敏提议的定量分配制度，他提议大家要节俭，从当下开始，不要总想着享受，目前平顶并没有这种条件。他还建议年轻人按规律作息，早睡早起。宋鸽则对肖凡凡的浪费表示了不满。

25 日，宋鸽给沈老板打电话，又购买了一些物资，同时狠狠地跟对方杀价。下午，沈老板带来的物资虽然丰富了居民的饮食，却让居民的资金再度缩水——只剩 63 元，再次面临破产危机。

谭利敏针对平顶财政现状制定财务计划

居民们制作的各种手工艺品

8 月 3 日，在平顶一个多月之后，居民们渐渐打开了收入渠道。当时居民收入 1815 元，支付超市沈老板 720 元后，加上前日“平顶一日游”的收入 913.5 元，账面剩余资金 2008.5 元。

随后，居民们都竭尽全力，想办法创收，网友们与纷纷写信商谈合作项目，利用拍卖手工艺品、“嘉年华”、拳击赛、音乐会、中秋月饼、合办节目等各种渠道，平顶居民赢得了多项大笔收入！

③ 老人帮 VS 年轻派

平顶之上，太阳缓缓升起，新的环境、新的伙伴，15 个居民会迎来怎样的新生活？在这个大家庭中，谁来带领大家一起开启新生活呢？

在第一天居民刚刚来到平顶之上的时候，来自北京的 60 后退伍军人聂江伟与来自成都的 24 岁美女经理人刘洛汐表现出了分属于老人帮与年轻派、但又有着同样强大的领导能力和气场的特征。那么，在以这二人为代表的老人帮与年轻派，哪一派会占据上风呢？或者，在平顶这种原始状态下，哪一个团队的领导，能够带领这个来自四面八方的队伍走上新征程呢？

第一天晚上，谷仓里黑灯瞎火，刘洛汐喊大家在谷仓门口开会。她大声陈述自己对平顶的建设规划，鼓动居民们利用各自技能向平顶外招揽生意。刘富华听了有些不服气，他在听到商业计划时，忍不住笑出声来。

同时，刘洛汐也让人领教了什么叫做“年轻派的意见领袖”，在“老鬼”聂江伟布置工作时，她不时插话打断，不仅大声吼叫，还拍了桌子；同时，她在众人之前，对几个小组进行分工安排。随后的例会中，刘洛汐又大胆提出各种商业计划，比如卖手工艺品、开儿童培训班、教授健身课程等，引来其他年轻人的支持与赞同。围绕刘洛汐结成的年轻人小团体似乎已经很明显了。不过，一些年纪大些的居民，对她毫无顾忌的“吼叫”表示反感。

反感归反感，由于这才刚刚开始，大家还是听从了刘洛汐的安排。按照她的安排，“老刘”刘富华和“老鬼”聂江伟被分到了基建组——出大力，承担所有分工任务中最重的体力活。老刘应承了下来，脏和累他都不怕。在他想象中的平顶画面里，居民们就应该在田间地头挥汗如雨。

以聂江伟、谭利敏为代表的老人帮

第二天，老刘挖了一天土，一身臭汗地走回谷仓，却看到几个年轻人已经早早收工，懒散地闲坐在谷仓门口的台阶上。他忍住不快，没说什么。但在第三个晚上的例会上，老刘爆发了，他直接指责刘洛汐分工不公平，对迷茫着不知道干什么的年轻人表达了自己的不满。

老刘带着情绪的指责，让刘洛汐很不满，两个人争论得剑拔弩张。

这天晚上，大家同意以投票的方式推选大队长。沉稳成熟的大哥聂江伟站出来，表达了自己的看法。他说："我们代表一个团体，不管你怎么演绎自己，但是，我们要演绎的是我们 15 个人的人生……我们现在唯一的一点，不是想出路，而是想活着，一周之内你能把自己活下来，我们就都能活了……搬不动砖你可以拿一棵草，你可以不会，但不能不做……用我们自己的双手，把现有的先改变了，改变了现有，我们才有发展。"

接下来，在聂江伟的提议下，15 个居民都写出了队长候选人。第一轮选举，宋鸽、刘洛汐、聂江伟进入前三。在接下来的二次选举中，聂江伟几乎全票通过，当选为 15 个居民的大队长。

当选为大队长的聂江伟，发表了慷慨激昂的演讲，表示会在近期带领大家改变现有的生活环境和居民们的精神面貌。

演讲到最后，务实的聂江伟提出：“我们把前期的工作先落实了，再说后期的发展！”聂江伟的演讲迎得了大家热烈的掌声，而这个注重情怀的60后北方汉子，则在热烈的掌声中腼腆地笑了。

聂江伟一举当选，老刘是非常支持的。几天的相处，老刘明显感觉到，自己和二十多岁的年轻人存在着巨大代沟。他和聂江伟走得近，想法上也比较合拍。

但是渐渐地，老刘又对开会厌烦起来。因为在开会时，话语权往往掌握在年轻人手里。有一次，老刘提出购买鸡苗鸭苗的建议，马上遭到刘洛汐的反对。

而在韦泽华到来之后，年轻派与老人帮之间的冲突，似乎表现得更为突出了。

在为新人准备的欢迎会上，聂江伟说：“我们不要理想派，要实干派。”然后带领居民对韦泽华的到来表示热烈欢迎。

以刘洛汐、韦泽华为代表的年轻派

随后，聂江伟先谈了室内通水的使用问题和安全问题，他的发言体现了“老鬼”一贯的人情味。随后，聂江伟提议让韦泽华发言。

没想到，才第一天“驾”到，韦泽华就力排众议，要求这次会议要以他为主而召开，并且非常恣意、无所顾忌。初来乍到，就凭一番一竿子打翻一船人的铿锵陈辞，将全体居民得罪光。

这时居民们才意识到，这个年轻的补位者是一个多么执拗的人，自己提出的计划，没有人响应也要独自推行。

随后，韦泽华提出了修建室内厕所和浴室问题。在韦泽华极有条理的发言中，他一一列举了修建厕所所需要的材料，并就选址提出了自己的看法。这引起了热议，居民们就厕所的卫生、气味、选址问题提出了意见，韦泽华都很明确地将解决方法告诉了大家。于是，一再拖延的厕所改善问题很快就提上了议程。由于易秋仍然对选址问题有些纠结，他和韦泽华约好下午一起去考察选址。

韦泽华逐渐代替聂江伟成为会议中心

在之后的会议中，韦泽华客观地列举养殖鸡羊的利弊，认为平顶面积不大，大量养殖行不通，如果作为以后的观光体验项目养一点也是可以的。这让对养鸡颇为执着的老刘总算放弃了养鸡的想法。

从此之后，韦泽华逐渐代替聂江伟成了会议的中心，“老鬼”聂江伟和老人帮切实感受到了来自年轻派的威胁。

④ 告白与告别

平顶的第一个月，一切秩序都还连雏形都谈不上，但让大家始料未及又感触颇深的，就是两告——“告白”与“告别”——的意外出现。

6 月 26 日，是居民们来到平顶的第四天，经过了几天的磨合，平顶居民们的生活似乎变得平静了一些。早晨起来，大家就开始按照分工各忙各的了。

往常劳动最勤快的郭道辉今天没有起床，他躺在自己的蚊帐里，用手扶着腰。

“咋了，你哪里不舒服？”孙铭最先发现了郭道辉的异常。

“昨天晚上我以为是这几天活儿干猛了腰疼，没想到是腰椎间盘突出！”

为了不让大家担心，郭道辉忍着疼痛，没有告诉大家。而现在，他瞒不住了，躺在床上完全不能动弹。大家决定送他外出就医，郭道辉担心的却是自己再也不能回到平顶。

“先把病治好，这是最主要的。”聂江伟来到了郭道辉床前。

医生终于到了，孙铭和易秋飞快地跑向大门口迎接医生。他们急切地希望能帮郭道辉做点什么。

医生拿来了担架，居民们都想着帮忙抬一下。不过，抬这样的担架，两个人就够了。最后，由孙铭和易秋抬着担架把郭道辉送出了平顶的大门。

躺到担架上的郭道辉抬起身把自己的背心脱下来，扔给居民们。

“能穿就穿上。”他说。

“兄弟，等你回来，一定要养好！”虽然只有三天相处，但是已然兄弟情深。

郭道辉因腰伤复发，遗憾地离开平顶

看着郭道辉被抬出平顶大门，一向镇定自若的大哥聂江伟非常内疚，觉得自己没有照顾好兄弟。“他昨天就跟我说腰疼，我不知道这么严重，没当回事儿……我根本就不要第十六个人进来，说好一个不丢，最后还是丢了！”聂江伟蹲在路边泣不成声。

送走郭道辉之后，聂江伟没有跟其他人一起回到谷仓，而是独自坐在一块大石头上，他不想把这样的情绪传染给其他人。

屋子里，易秋和刘希一边做着皮具活儿，一边在议论着郭道辉的病情：

“你说郭道辉如果晚上回不来，他自己会不会感觉很遗憾？”

“他应该会感觉很郁闷，其实，他今天早晨走的时候，我挺难受的。”

虽然三天的时间里并没有太多的接触，但对于郭道辉的生病离开，刘希跟易秋一样的难受。

郭道辉是 15 个人里干活儿最卖力的一个，他的离开让队长聂江伟的压力更大。回到院子里的聂江伟看到大热天还在那里烧火的郑虎，连声问他有没有问题，并招呼孙铭和丘子健，一起帮郑虎在炉灶上面搭上一块板子，这样，下雨或出大太阳时，做饭的郑虎就不会被雨淋日晒。

韦泽华与刘洛汐的“汐宝之恋”

几天后，大家得知，郭道辉因当前的病情无法适应平顶的生活，不得不退出。

7 月 5 日，新人韦泽华入住平顶。很快，居民发现刘洛汐的脾气没有往日那么“嚣张”了，尤其是在韦泽华面前，她变得安静乖巧，如一只小猫。

刘洛汐跟在韦泽华的后面，韦走到哪儿，她跟到哪儿。看得出来，两个年轻男女的内心都有了微微的荡漾，和富春江水一样，平静的河面下暗自摆动着鱼尾。

7 月 19 日晚上，丘子健和刘洛汐玩起了搏击术，俩人玩得不亦乐乎，略显暧昧的动作让韦泽华有些吃醋。韦泽华开始和刘洛汐冷战，刘洛汐被韦泽华的态度气到了，也不愿意主动说话。两个人都互相避开，情绪低落地各干各的事情。

直到第二天下午，居民的一起围坐在长桌旁缝制帽子，两人终于忍不住相互打趣，并相互谅解。

7 月 23 日，刘洛汐被意外淘汰。韦泽华接受不了这个事实，想跟刘洛汐一起走，但 24 小时之后，他在丘子健和郑虎的劝说下留了下来。平顶之上的第一段恋情就这样销声匿迹，和富春江畔的云烟一样美得有些短暂。

关于自己与韦泽华这段美好而短暂的“平顶之恋”，刘洛汐如是说：

在遇到他之前的12天，就在迷茫和一直到处干活中度过了，虽然没什么目标，但是依然充实劳累。长久没有沾到荤腥，整个人也是消瘦了很多。每天固定地照顾两头奶牛，和外部联系，忙着建设。直到他来了。

从来没有人问过，我对他的第一印象。对他，我的第一印象是，完了，我最讨厌的类型。哈哈哈。因为戴着眼镜，一本正经的工科男的感觉，感觉应该没有什么力量，一定是个书呆子。我对这样的男生一般都是调戏一下然后敬而远之。他做了自我介绍，我才发现我错了。

他习惯给人距离感，对谁都是谦逊有礼，但是骨子里总和大家保持着距离，感觉很孤独，但是又很有思想。在接触的过程中，我发现他有一点点自负，他的自负来自于他的经历。我很理解。但是自负的他又肯干能干，并且有着自己的想法。只是情商不高，刚来就和志轩吵了一架，还惹了我们希女神不开心，而他又不懂得化解这些矛盾。可能作为狮子座，我很能理解另一头狮子，所以会帮他说说话，也会愿意倾听他说的话。而且他说的，我总觉得都是对的。

于是，我开始拉着他和我干我在做的事，他做一些事的时候，我也一定会帮忙，甚至有时候我忙完了他会陪着我，感觉好暖心。在很多人眼中，我是一个强势的女生，但是其实我有自己很柔软的一面。我觉得他似乎懂我，他大男子主义会管着我，但是又会处处鼓励我、认可我，给我很多很多的力量，在他的身边，我觉得我不仅可以找到自信，而且对很多第一次做的事都变得更有信心。

在节目中，我们成了形影不离的伙伴。早晨起来一同工作，中午似乎一个眼神就知道对方要去哪里吃饭，我们不太在乎周围有没有人，似乎一起吃饭，有他就足够了。有时候我不会看着他，我会自己走去角落里或者室外吃饭，他就会自己跟过来，这种感觉，很暖。到了夜晚，忙完了一天，我们会去散步，走在平顶上，聊各自的经历，聊梦想，聊生活，我们会有不同的观点，也有不同的思想，但总是有很多的火花和碰撞。我想，这就是缘分吧。让我们慢慢走近。直到我离开，我都不觉得和他只相处了 18 天，更像是相处了很多年的样子。

细想他对我做过的让我感动的事情，还真的不少。

当我们干活很累的时候，他总会让我先喝水。

在外面阳光很强，我被晒得受不了的时候，他都会脱下自己的外套给我遮阳。

我很爱吃辣椒，我们第一个月大多数时间都只能吃腌渍的辣椒过活，他都会让给我，我们吃肉的时候，也会让给我，那一刻，我觉得这么苦都能一起度过，让我有很多很多的感慨。

他会吃我的醋，很小心眼。我和其他的男居民走得近一点或者动作亲密一点，都会让他不开心。尤其是 single 似乎都成他的假想敌了。

他也会惹我生气，我生气了，他就会给我做礼物，哄我开心，但是嘴上很倔强，死都不承认！气死宝宝了。

在外人眼里，可能觉得他能说会道，但是其实面对自己的心和感情，他是不善于表达的。他很多时候是没有恶意的，但是他的表达让人觉得有恶意。他的心很善良，因为善良，所以从来不真正地记恨谁。可是到现在为止，这样的善良，也伤害了他。

除了郭道辉的伤病告别，“汐宝之恋”关于爱情的告白与告别，在第一个月，还有另外一个意外告别，那就是孙铭违规被罚出局。

孙铭因违反节目规则被迫离开平顶，发生在《我们 15 个》开播半个多月，尚属首例。事发缘起所谓“手机门”事件，在 7 月 10 日的直播中，孙铭和韦泽华在谷仓门口讲话，孙铭提到了 15 个居民中两名居民在网络上的加油排行榜的实时排位。这些话被细心的网友听到，认为居民携带了手机，有人在网上愤懑道:“节目组帮助选手作弊，都是演员在作秀。”

孙铭为什么会知道网上信息？节目组当即介入调查“手机门”事件。针对质疑，节目组安排制片人王云鹏、张磊，总编剧余哲三位工作人员于次日 15： 57 进入平顶。从进入平顶开始，三位工作人员就十分严肃，居民最先以为是为了淘汰赛的投票而来，结果发现事情比想象中的要严重。

制片人王云鹏告知众人： 由于昨晚居民谈话涉嫌违规，节目组决定进行调查。随后又重申节目规则，强调节目规则的重要性。为了进一步了解清楚昨天晚上的情况，节目组提出将事件中的两位居民——孙铭和韦泽华，带离平顶进行深入调查，给观看节目的观众一个明确的答复。孙铭和韦泽华一句话没有多说，配合节目组的调查。很快，一行五人就离开了平顶。

孙铭因违犯节目规定，被要求退出平顶

晚上快10时许，孙铭和韦泽华回到平顶。孙铭立刻召集大家开会，给14位居民以及观众解释了昨晚事件的来龙去脉。孙铭坦言自己违反了节目规定，曾避开摄像头，一度离开了平顶。

原来，几天前，看着因食物稀缺而越发虚弱的居民，孙铭决定到外面给居民寻找食物。他翻出栏杆后潜入节目组的厨房。虽然没有找到吃的，但是他无意中听到了韦泽华和刘希的人气榜排名变化，晚上他就将这件事告诉了韦泽华。

当初做这件事情的时候，孙铭没有想太多。直到被叫出去调查之后，接触到外界信息的孙铭才意识到问题的严重性。由于自己的违规，对节目组和居民们都带来了严重的负面影响，让不少观众认为有居民携带手机与外界沟通，令观众对节目失去了信任。孙铭为自己让集体蒙羞而感到惭愧。

为了给所有人一个交代，孙铭决定负起责任，遵守承诺，退出平顶。说完后，他向居民和所有观众深鞠一躬，表示歉意。

居民们听说孙铭要离开，情绪都很崩溃。邓碧莹泣不成声，几次拥抱孙铭，她哭着说："你教会了我怎么做饭，怎么生火。你真的教了我很多东西。"情绪激动的居民一遍遍地恳求节目组留下孙铭。但是规则是严肃的，节目组拒绝了居民的恳求。孙铭意识到自己违规的严重性，他嘱咐居民不要再为这件事努力了。

在最后的告别会议上，孙铭告诉居民们，即使自己离开了，也会继续关注大家，他会是这个节目最忠实的粉丝，他会代表所有人去看望好兄弟郭道辉。他希望大家加油，完成建造美好家园的共同梦想。居民们红着眼眶祝福孙铭："希望你离开之后还能追求梦想，把你的正能量传递出去。"易秋仰头看着天花板，狠狠地抱过孙铭，捶着孙铭的胸吼道："好兄弟！好兄弟！"

7月11日23点，孙铭取下自己的照片，离开平顶。

面对孙铭违规离开的事实，居民们在情绪低落的同时，也在反省自己。谭利敏表示："他这个事情是个很好的教训，但他真是个很好很好的孩子。"但规则就是规则，容不得半点挑战。

自此，继郭道辉因病退出后，平顶上又少了一位居民。15位居民空出了一位。而即将到来的淘汰赛也会正常进行，平顶新居民的招募工作仍在继续。

⑤ 首轮淘汰，意外与规则的 PK

《我们15个》每天24小时直播，在平顶发生的每件事情都具有不可控性。7月22日，平顶迎来了第一个淘汰日。之前在新人PK赛中，新居民陈宪一以一票领先而胜出，在今天，他将做出一个重要决定：从三名处于危险区的老居民刘富华、刘洛汐、谭利敏中间选出一位，让其离开平顶。这让他觉得很不安。

7月22日下午3点，淘汰赛会议正式召开，三位候选当事人分别陈述自己的观点，都称“已经做好了心理准备”。这时，无论平顶内外，预测最多的是年纪最大的谭利敏会离开平顶。谭利敏在陈述时甚至一度哽咽，表达出对平顶的不舍。

决定权就握在陈宪一手中，他必须选出一个处于危险区的居民予以淘汰。在淘汰之前，有不少居民试探过陈宪一的口风，但陈宪一对自己的选择绝口不提。于是，三位危险区居民的去留变得扑朔迷离。

陈宪一宣布淘汰刘洛汐引起轩然大波

在陈宪一宣布决定之前，韦泽华、丘子健、易秋、邓碧莹、刘志轩 5 个人都明确而又强烈地表示：刘洛汐必须留下。

但是，陈宪一似乎早有定论，并且依旧坚持了自己的想法。他做出了一个掀起平顶惊涛骇浪的决定——淘汰刘洛汐！

陈宪一的决定让整个平顶瞬间沸腾，得到消息的一瞬间，居民们都惊呆了。一向与刘洛汐交好的韦泽华接受不了这个事实，他情绪失控地当面指责陈宪一，说他的决定有问题。韦泽华狂怒不止——是啊，为什么淘汰出局的不是主动想离开的刘富华，也不是自觉必定被淘汰的谭利敏，而是想留下来的刘洛汐？！

陈宪一的选择激怒的不只是韦泽华，丘子健、刘志轩，易秋也火冒三丈，邓碧莹更是当场放声大哭，伤心不已。

刘洛汐在争吵中默默收拾自己的东西

面对韦泽华、丘子健、刘志轩的围攻，陈宪一冷静地给出了自己的理由：刘洛汐虽然很能干，但在集体协作方面做得不够好，自己是根据入住平顶四天以来的观察与反复考量，才做出这个决定。而且，刘洛汐的出局并不是自己一个人的责任，选她进入危险区的人也负有责任。

但是没有人理解陈宪一的决定，陈宪一只能在无助中痛哭。

被淘汰的刘洛汐强忍悲痛，完成了奶牛喂养、业务交接的工作。在她返回谷仓收拾东西的时候，争吵依然激烈。刘洛汐大吼："你们不要吵了！最难过的人是我！"

在激烈的冲突之中，7 月 22 日下午 16 时左右，刘洛汐迈出大门，正式结束了自己的平顶生活。

随着刘洛汐的离开，韦泽华、刘志轩、丘子健、易秋四个人也收拾东西，搬着箱子要和刘洛汐一同离开。但是节目组告知居民，按照规定主动退出的居民需度过 24 小时的冷静时间，才可以决定是否离开平顶。四位居民都把箱子留在门口，暂时回到谷仓，第二天再做选择。这四位居民将何去何从，牵动着每个人的心。

经过 24 小时的深思熟虑，这四位居民都选择留了下来，一致表示："希望大家和平共处，一起建设平顶。"

对于这场风波，陈宪一在自己离开平顶之后，谈了自己对这件事的认识和之后的心路历程：

> 记得从节目中被淘汰后，在辽宁大连的第一次被路人叫起名字，一位大学生老弟兴奋地说："你就是淘汰刘洛汐的 Kimi，陈宪一对不对？"其实已经蛮习惯被人冠上"淘汰洛汐"这个名号，无论 2015 年 10 月底我被淘汰还是节目即将结束的现在，不断地被提醒或质问我的心路。当成为第一个执行游戏规则的刽子手时，我心里是忐忑的，在自己被淘汰之后的一段时间内，不断地跳开自己的位置去换位思考同一个问题，顿开茅塞后，我在随笔《瞎说》里这样写道："不要拘泥于一时的失去。"好多事情何必呢？

丁图、陈宪一在平顶创意走秀

现在做出假设：如果更换节目中每个月被淘汰的人，也就是说他们现在仍旧生活在平顶，然后会有什么不同？谁会给出一个肯定的答案，说不被淘汰我们或者他们的人生会比现在发展得更好？没有人，没有人可以做出保证，没有人可以断言谁的脚步可以走成什么样，即便是当事人自己，也只能是说“可能”，也就是“如果没被淘汰，可能会比现在更好”。

当初每个人都在为自己参与节目而努力，网选、一轮海选、二轮面试、终试、等待备选裁决，任何一个环节，每个参与者都像是杜鹃鸟，下蛋在别的巢穴，用别人的生命为代价以存活自己，没有谁是更努力，也没有谁是应该被淘汰或被取代。所以，我们正式居民中每一个人，其实都已经对十几万报名者做了“刽子手”。

被淘汰也只能说在这平顶上的生活结束，在节目中的录制结束了，人的主观本身会对他人的付出作出肯定，或者说对入不敷出的结果产生怜悯之心。所以试想被“破（剖）腹产”淘汰之后，如果所有人看到努力和可惜，再加上自己原本的坚持与努力，这样的结果可能会比原本被节目“顺产”出来之后结果要好得多得多。

所以，不要拘泥于任何一次失去，跳出自己思维的圈套，打破直观感受筑成的围墙，想想失去后得到了什么，这会让人更加振作。去关注接下来的每一步，而非滞留在原地一味地沉浸于负面情绪。我想，这受用于每一位居民及钟爱节目的观众，甚至生活中的每一个人。

其实抬手提刀的瞬间，我并没有过多地考虑，结果如何也是打量了又打量之后的深思熟虑，所以淘汰环节的心路历程也还平常。

二

认同是一回事，接受又是一回事

① 开始的陌生人都变成了亲人

来到平顶的第一天，大家多少有些陌生与拘谨，但是他们很快就建立起深厚的情谊。

丘子健和孙铭算是节目中关系最铁的一对兄弟，丘子健手指受伤时，孙铭专业地拿着棉花和碘酒为丘子健处理伤口，悉心照料，这样的场面让人看了感到温暖。兄弟两人还时常彼此交心，互称要彼此真心，"要做一辈子的好兄弟"。

大家隔空举杯为刘洛汐庆生

除此之外，还有易秋安慰因自卑而哭泣的邓碧莹，聂江伟带领着居民一起发动拖拉机，孙铭主动让出蚊帐给邓碧莹，刘洛汐和宋鸽帮因做饭而晒伤的郑虎擦油……在走到一起的第一周里，出现了不少感人、暖心的细节。

经过一个多月朝夕相处的生活，越来越多的温情，就像从石头缝里长出来的花朵，让人欣喜。在聚满狮子座的平顶，八月成了居民们的“狂欢月”，平顶上的居民甚至没有忘记给已淘汰出局的刘洛汐庆生。

在刘洛汐生日前一晚，零点一到，居民们就在谷仓门口的镜头前齐声向她说“生日快乐”。8 月 5 日晚上，居民们吃过饭后聚在一起，易秋又提议：“今天是刘洛汐的生日，咱们一起用可乐干杯来给她庆生吧！”居民们纷纷响应，拿杯子、拿碗、拿锅，斟满可乐，通过镜头隔空为刘洛汐干杯庆生。

居民们为韦泽华生日举行“生日趴”

居民之间很多类似这样的温馨小互动，让观众们感受到了友好的气息。8 月 9 日晚上，肖凡凡和邓碧莹熬姜汤喝，易秋好心说晚上喝姜汤不好，一向傲娇女王范儿的肖凡凡顺嘴说:“要你管，我就要喝。”易秋听了，有些不开心:“别用命令的口吻和我说话。”而到了第二天早上，肖凡凡专门找到易秋道歉:“别生气了，易秋哥哥，我把我的鸡蛋给你。”易秋嘴上说不要，手却接过鸡蛋，剥了起来。这场景让郑虎笑称:“在平顶上，有一种美德叫‘让蛋’。”

在孙铭、韦泽华生日前夕，居民们其乐融融地筹备起“生日趴”。大家聚在一起，拆开蛋糕，点起蜡烛，唱起生日歌，很久没有尝过蛋糕滋味的居民们，把那份久违的香甜吃了个干干净净。

大家举杯，庆祝韦泽华生日快乐

平顶生活的第二个月，平顶迎来了继韦泽华、陈宪一之后的新人张杰——一位 35 岁的电商运营总监，和他一起回归的还有阔别多日的怀孕奶牛。为了尽快融入老居民的生活，刚进入平顶，张杰便对每一位居民嘘寒问暖，他还带来了小风扇、T恤衫等居民的所需用品，可谓暖叔气质尽显。

一到平顶，张杰就进入了状态，始终没闲着。第二天他起了个大早，为大家熬粥做早饭，又积极地和居民一起做手工，闲暇时间还给大家介绍他的“互联网 + 农业”事业。

9 月 3 日，43 岁的吴春飞入住平顶，他有丰富的农场经验，擅长种植、养殖和棚屋搭建，他曾经和儿子一起拜访平顶。平顶的拜访使吴春飞爱上了这个地方，他为平顶居民带来了很多种植上的指导和帮助，无所不能的他被网友称为平顶的“哆啦 A 梦”。他的梦想是用自己的技能帮助大家改善农业和生活环境。

居民们为老吴举行送别宴

吴春飞因直爽的性格、丰富的生活技能受到了网友和居民们的喜欢。在平顶 3 个月的生活中，他和其他居民建立了深厚的感情。11 月 9 日，吴春飞因家事遗憾退出，居民都不舍得他离开。平顶“首富”彬子为了给吴大哥饯行，特意订了一瓶五粮液。送别宴上，吴春飞跟大家交待长廊、竹屋、望江亭、大棚建设的相关事宜，并叮嘱居民在接下来的两个月里，要把平顶规划图上的东西完成，一定要齐心协力。吴春飞语重心长地说：“这个节目需要我们传承一种文化，不要因为我们为节目丢脸。”

接着，居民轮流给吴春飞敬酒，花姨知道吴春飞的离开已成定局，并未过多挽留，只是情绪低落地说：“一切都在酒中。”并直言自己来平顶 3 个月，第一次喝这么多酒。吴春飞向韦泽华敞开心扉：“你最像我年轻时候的样子。”韦泽华一笑。但吴春飞随后又建议韦泽华把锋芒收一下。吕日阳称当初是和吴春飞一块来的，一直以来，他和丁囡特别依赖吴春飞，他认为："吴大哥是当之无愧的平顶男神。"

只有丁囡因不舍吴春飞的离开而情绪失控，她放声痛哭道："你都没告诉我你要走，你不是说你不走的吗？"她说自己出去时要请吴春飞来接她，吴春飞爽快答应了。居民酒后集体吐露心声，齐唱《送别》，为吴春飞送行。

吴春飞搬着箱子，居民们集体送他到门口，一一与他拥抱告别，花姨则偷偷抹泪。三个月的时间，让原本陌生的彼此，变成了相亲相爱的一家人，这种亲情在离别时尤显珍贵。

时间慢慢流逝，一晃又是三个月过去了，平顶的旧人去，新人进。在12月9日的晚例会上，画家訾鹏读了他在丘子健离开的那天晚上写的日记："来平顶三个月，我渐渐有了家的想法，花姨是妈妈，高峰是个利索、果断、照顾大家的姐姐，彬子是像悟空一样逗着大家又无意闯点小祸的小弟弟……"訾鹏说来平顶3个月，他一直在反思，如果把这里当家看待，似乎一切都合理了，大家有时候需要把爱表达出来。

2016年春节，居民们拍摄新年全家福

新人程炎恩对此深有同感，他也发表了自己的看法，希望这里能像一个大家庭，并感谢大家一直以来对他的关照。他说一直把大家当兄弟姐妹，把花姨和崔益祥当长辈，直言能在这里遇到大家是他的荣幸。

时光在平顶大家庭的饭桌、田间不经意间滑过。2016 年 2 月 4 日，临近春节，居民集体穿着唐装拍了张全家福。这天，崔楠之前许诺大家的“礼物”——摄影师来到平顶，帮大家拍摄春节全家福。大家热情迎接摄影团队，商议拍摄风格：一个喜气洋洋的，一个霸气一点的，一个随意搞笑的。

首先是在谷仓拍“霸气版”的全家福，摄影师指导居民摆各种姿势，连连吐槽：“你们好严肃哦，霸气点。”并调侃道：“当明星的感觉怎么样？”之后到室外拍摄“随意版”，最后来到谷仓，让居民们举着写好的对联和福字，拍摄“喜气洋洋”的全家福，并开心地齐喊：“过年啦！”气氛一派祥和，其乐融融。

谷仓内的新春全家福

大门前的红灯笼下，全家共贺新春

原本陌生的居民都变成了亲人，而且在平顶这种封闭的生活环境中成长起来的亲情，更加牢固紧密。事实上，离开平顶之后的居民，在节目之外，不少人成了至交。

② 平顶制度演义

自《我们 15 个》首批居民入住平顶以来，与温暖相伴相随的是各种矛盾与冲突，这令不少居民焦急不安。在第一次投票选举大队长之后，乱哄哄的局势有了很大改善。

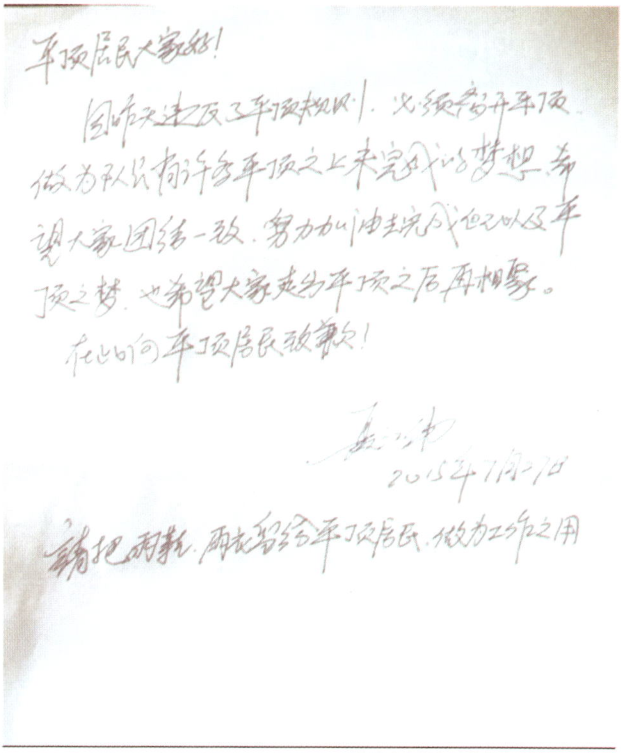

平顶居民大家好！

因本人违反了平顶规则，必须离开平顶。做为队员有许多平顶之上未完成的梦想，希望大家团结一致，努力加油去完成自己以及平顶之梦。也希望大家走出平顶之后再相聚。

在此向平顶居民致歉！

聂江伟

2015年7月20

请把雨鞋、雨衣留给平顶居民，做为工作之用

聂江伟违规退出时给居民们写信致歉

可是，一个月后，聂江伟就选择了退出，平顶因此陷入群龙无首的状态。

没有了聂江伟这个有着一定权威的大家长的约束，平顶上的居民有了更多自由，但矛盾也变得越来越难以调和。

谷仓里屋的姑娘们睡觉越来越晚，睡眠不好的明叔和訾鹏很久没睡过安稳觉了。平顶规范制度迫在眉睫，那么由谁来规范呢？訾鹏和彬子提议推行领导人制，但是上个月宋鸽直接找明叔做领导人，这让彬子很恼火。

这一天，明叔向韦泽华提出成立核心领导小组，大家集体推选三个人，全面统筹大家。彬子听了马上说道："我建议把大家分为老中青三组，老年组主要负责建设，青年组负责文化娱乐，中年组就起到润滑剂的作用，这三个组各出一个人，组成决策领导小组。"韦泽华听后也表示赞同，但他拒绝了彬子让自己当领导的提议。

领导人制度真的会这么容易推行吗？"任何和权力有关系的制度都有可能走向偏差！我反对把人分成阶级的制度。"吕日阳坚决反对领导人制度，丘子健则有些极端地表态："有一个领导，我反一个！"

例会上，大家七嘴八舌解释。"这就是一个执行小组，我们支持的不是领导，而是一种制度、效率，你说大家认领任务，那谁来把所有的任务集合到一起，谁来整合这个事？"宋鸽的理性解答，让局势一下缓和了许多。

不同于明叔的推举制，彬子坚持让想带头的人自己站出来，由其他人决定用不用这个人。投票结果，訾鹏8票，宋鸽6票，明叔和高峰都是4票，二人相互谦让，韦泽华看着有些不满："这种态度的话，你俩都下来吧！"高峰于是果敢地表示："有人上来我全力支持，没有人担这个责任，我来担！"吕日阳却有不同意见："每个人表达情绪的方式是不一样的，明叔本来就是个内敛的人。"韦泽华立刻回击："但我不服！"

讨论到最后，由訾鹏、宋鸽和高峰三人组成的领导决策小组正式成立。

开会推选出三人领导决策小组

新规定实施后，一贯睡懒觉的任欣宇、张丽维和丘子健都纷纷起床。虽然大家对新制度还有些不适应，难免吐槽几句，但好的开始还是让居民对平顶的未来充满了信心。

不过，平顶毕竟又是有特殊规则的。在高峰和宋鸽相继离开后，平顶再次陷入了“无政府”瘫痪状态。

这天晚例会上，彬子附和崔益祥要推翻平顶仅存的一个制度——尖刀小组，但受到了韦泽华的斥责。韦泽华直言：现在平顶很乱，大家已经没有集体的概念了，除了胖胖的郑虎还在给大家做饭为集体服务，其他人都在做自己的事情，平顶已经基本翻天了。

随后，韦泽华和彬子谈了各自的想法，计划接下来制定新的制度，解决平顶一直存在的问题，希望通过成立新的小组把平顶的项目联接起来，赚钱为平顶建设提供资金支持。

韦泽华郑重表示，自己愿意做这个领头人！

郑义成立“不开会联盟”

这种以韦泽华为主导的生活持续了一段时间，但一直走得磕磕绊绊，直到2016年3月郑义的到来。

经过连续几次不欢而散的开会之后，为了快速推动平顶建设，郑义决定成立“不开会联盟”，并且连夜起草了一份联盟宣言。起床后，他迫不及待地“邀请”其他居民加入，大家听了反应不一，“豚宝”邓秋婷甚至调侃：“这不是邀请，是游说。”

不过，郑义的“游说”还是收到了效果。最后，訾鹏、崔益祥、焦阳、彼得（董德升）、徐晶宇、张守望和Linda都欣然加入了联盟，郑义也顺理成章地以3票当选首任盟主。平顶的历史再次被改写。

不开会联盟成立之后，全体男劳力在盟主的带领下，集体挖起了荷花池。场面欢欣鼓舞，但网友在热议栏中吐槽道：想看的是“我们十五个”，而不是每天看到一拨人干活，另一拨人开会，这样有点别扭。

作为盟主，郑义向广大网友做了解释：“成立不开会联盟只是为了加快建设速度，我相信一个月之后大家会看到我们的成果。我非常希望能在我们出去之前取消这个联盟，大家携手一起走出平顶。”

4 月 12 日中午，居民们收到了冯唐在平顶拍摄的平顶版《搜神记》视频，大家边看边笑地连看了两遍，触动很大。居民们纷纷发表了自己的看法，焦阳提出的求大同存小异的观点受到居民的一致认可，大家认为这是目前平顶能够接受的、可以执行下去的最好的相处方式。

平顶的制度演义还将会沿着什么路子走下去呢？让我们拭目以待！

③ 前路漫漫，越往前走越需要勇气

平顶有一个非常残酷的机制，就是在每个月的第四周，15 位居民要投票选择三位进入危险区，由入住的新人从三人中选择一位淘汰出局。这样的机制，对居民之间需要建立的信任和情感带来了极大挑战。

平顶的第一个淘汰周，在居民们投票选出的淘汰候选人中产生了第一位要离开平顶的人——刘洛汐。这之后，平顶之上，意外连连。先是韦泽华、刘志轩等四人试图跟随刘洛汐一起离开，后又接连爆发了两次争端，使得刘富华和聂江伟这两位老居民相继离开。

第一次淘汰会议上的剑拔弩张

伙伴们离开了，但平顶的生活还要继续

面对伙伴的离开，谭利敏默默流泪，刘志轩则感慨:“没想到鬼哥（聂江伟）连见都不愿见我们。”一个多月过去了，平顶生活还在继续。居民们逐渐意识到:“认真过好在平顶的每一天，才是让远在千里的家人放心的最好方式”。

肖凡凡不再每天只是闲逛、洗头发、敷面膜，而是开始花心思在努力赚钱以改善生活上面。回想刚来平顶的那几天，张婷媗连厕所都嫌脏，宁可忍着也不愿意进厕所，而现在她可以在牛棚瞬间把牛粪铲完。陈宪一进入平顶就一直在积极劳动，跟其他人的相处也越来越融洽。平顶的每一个居民都在调整自己，他们进步了很多，居民感情也在彼此的理解和宽容下日渐升温。

平顶的第二个淘汰周来到了，谭利敏二次进入危险区，被春人淘汰。谭阿姨的离开，让平顶被低气压笼罩。肖凡凡一向视谭阿姨为忘年交，因为没有办法接受现实，执意要离开平顶。刘志轩也无法承受之前建立起来的信任在一秒钟之内崩塌，愤而宣布退出。在“最后的晚餐”上，肖凡凡、刘志轩和居民告别，引得众人崩溃飚泪。

刘志轩的平顶告别宴

面对刘志轩的离开，郑虎有些崩溃

刘希提议大家干一杯，刘志轩干完一杯酒后默默落泪。没等刘志轩开口，郑虎已经泣不成声。丘子健受不了饭桌上的压抑气氛，一个人跑到室外喝闷酒，终于忍不住哭了起来。

肖凡凡和刘志轩离开之后，郑虎情绪极为低落。此时，平顶剩下 12 人，而首发阵容已经离开了 9 个。

这一天，郑虎和宋鸽来到牛棚，开起了“吐槽”大会。郑虎感叹道：“各式各样的人生活在一起太难了！”

感受到这份困难的还有丘子健，一天晚上，丘子健告诉宋鸽：“我已经申请了24小时，别告诉别人。”

“你选了个不好的日子，生日当天却要离开。”宋鸽叹息，忍不住哭了，子健拥抱安慰。

天亮了，丘子健意外收到一份大礼——三年未见的妈妈赶来为他庆生。丘妈一见子健就哭了起来，这让丘子健的内心五味杂陈：“这种感觉好奇怪啊！”

丘子健带着妈妈游览平顶花园，丘妈力劝子健不要半途而废：“外公临走前说让你在这儿待着，能不能听一次妈妈的话？”

丘子健来到大家围坐的长桌边，哽咽着说：“我本想走得很潇洒，一直纠结要怎么跟胖虎开口。”说到这里，丘子健潸然泪下，旁边的“胖虎”郑虎哭成了泪人。

大家也都跟着哭。

妈妈走后，丘子健的心情大好，他决定留下来。但是，他的留下和离开，容易受到外来因素的影响。丘子健最终没能信守对母亲的承诺，12月4日，他还是追随丁囡而去。随后，訾鹏发现了丘子健留给居民的离别信：“无论是平顶的日出日落，还是你们的点点滴滴，已经成为我脑海里最宝贵的回忆。”

之前，高峰由于与彬子的建设理念不同，二人多次产生争执，再加上网友对高峰的质疑和谩骂，高峰家人不堪忍受，所以写信欲叫她回家。在这种情形下，高峰依然选择继续留在平顶。张丽维和宋鸽感叹高峰内心很强大，是个女汉子。

可就在丘子健离开后的第三天，高峰再次收到家人的来信。高峰读着信，抽泣起来，宋鸽发现峰姐在流眼泪，前来安慰。高峰哭着说："我可能要在 17 号回家！"收拾好心情以后，她继续干活。

没过几天，高峰又收到一封公司的来信。这次看来真的不得不走了，高峰申请了 48 小时离开。

重返平顶时，高峰穿着高跟鞋，吕日阳一看峰姐的这身装扮就猜到了结局。果不其然，高峰是来跟大家告别的。她含泪向居民交代了后续工作，张丽维不舍地在其怀中痛哭，吕日阳抱怨高峰突然告别："人生能有几个平顶？"彬子情绪低落抹泪。

在大家的相送下，高峰离开平顶。

在高峰的告别会上，大家依依难舍

12 月，又是一个集中告别的月份。和高峰一起选择离开的还有宋鸽。郑虎不舍宋鸽离开，极力挽留。宋鸽答应出去之后，如果郑虎还没走就回来看他。韦泽华劝宋鸽继续留下来，答应到时候订一个日子一起走，他直言已经在这里待了“半辈子”了。郑虎附和，说都在一起半辈子了，说好的一辈子就是一辈子！宋鸽回头看着挂在墙上的离开居民的海报说：“他们也在这里一辈子，只是在某个节点离开了，但是大家会永远记得他们。”韦泽华情绪有些激动地表示，如果首发居民郑虎和宋鸽走了，这些终将没有意义。

居民没有等到申请 48 小时即将回归平顶的宋鸽，只等到了一封她的来信。同为首发居民的郑虎难忍悲痛，躲在大棚里哭诉：“原本好好待在这里的人，为什么都要离开？”花姨和訾鹏过来安慰，郑虎说他懂得宋鸽的不容易，但还是为她的离开伤心。

韦泽华得知宋鸽离开的消息后，一个人魂不守舍，走在雨中默默地伤心痛哭。

至此，《我们 15 个》在平顶之上的首发居民只剩下了郑虎一人。同为首发居民的孙铭倍感无奈，他有感而发写了篇长微博：“通过在平顶上长时间的摩擦和经历，大家的感情和价值观都形成了默契，大部分人都有了集体荣誉感，把身边人当成了家人。但是就在这个时候，频繁地发生人员变动，让一个刚刚组建的集体不断地更换家庭成员，这种事情发生在哪里都是难以接受的。”

居民的不断更迭，让每个人都承受着分离之痛，要跨过这一道道坎、舍下一段段情，坚定不移地留下来建设平顶，实属不易。前路漫漫，越往前走的居民，越需要十足的勇气。

④ 居民感情在你来我往中升温

虽然平顶的所有居民一直都在强调“15 个人是一个群体”这一概念，但毕竟每个人都是独立个体，突然攒到一起，每天 24 小时一起生活，矛盾冲突还是经常发生。庆幸的是，大家都能意识到理性与宽容的重要性，矛盾、争吵过后，彼此之间的感情反而逐渐升温，平顶的团队凝聚力日渐增强。

早在 6 月 28 日，也就是居民们入住平顶的第六天，平顶之上就出现了一次小小的爆发。俗话说“三个女人一台戏”，这次爆发就是由三个女孩子引爆的。肖凡凡坚持不让刘洛汐和宋鸽用自己的洗澡水冷却牛奶，三人之间爆发了激烈争吵。大哥聂江伟出面制止了纠纷，众人纷纷上前相劝。肖凡凡甚觉委屈，崩溃大哭，直言觉得自己一直被找茬：“她们就是觉得我打扮得漂亮！”

肖凡凡与刘洛汐、宋鸽发生争吵

事后，老大哥聂江伟和其他两个人一同商量化解矛盾的方法，一向理性的宋鸽主动接近肖凡凡，告诉她自己和刘洛汐并非针对她，而是希望大家的生活能够更好。

宋鸽和韦泽华一向交好，但因为小项目基金的问题，也曾激化矛盾。韦泽华似乎容易记仇，因为此事，几天不理宋鸽。两个人的矛盾还影响到了郑虎的情绪，他喝醉酒后哭着说："我能坚持到现在都是因为鸽子和小宝，他俩不开心，我也不开心。"郑虎喝多了，不停倒苦水，躺在地上耍酒疯，还吐了"小宝"韦泽华一床。

被亲切称为"鸽子"的宋鸽找到高峰倾诉："我和泽华的矛盾对胖虎影响很大，两个他都得劝，很累！"

韦泽华也感觉到了郑虎的心思，终于放下怨气，调侃宋鸽："你今晚睡地板，我睡你的床好啦。"两个人自此冰释前嫌，重归于好。

由于基建意见不合，明叔曾以为高峰是有意针对自己，和高峰的关系也一度进入冰冻期。花姨向明叔表达了自己的立场："把我们睡觉的地方规划成手工区不合理。"明叔消极回应："我现在已经学会让步，不想争执了，让我搬就搬。"訾鹏看出明叔的不满，劝慰道："其实您的方向是对的，唯一就是高峰这边……"没想到明叔反倒自我开导起来："这是她唯一的强项，我能理解。你把她唯一的强项都剥夺了，还让她怎么生活。"换位思考后，明叔对高峰多了份理解和包容。

郑义入住以来，和韦泽华的争执不断升级。郑义要求规范作息时间和明确分工，什么时间该干什么事要形成规矩。韦泽华不同意，认为这是在重蹈覆辙。两代人之间产生了很严重的分歧，老年人和年轻人的作息矛盾成为难题。

看到二人争执不下，都难以说服对方，焦阳适时地出来打圆场，建议建立一个不同于外面的适合平顶的公约。

3 月 11 日的晚例会上，郑义提议拆除炎恩小屋，韦泽华当即强烈反对："就像你在地球上没法飞一样，那是地球的规则，平顶有平顶的规则。"

郑义反唇相讥："这些规则我要全部打乱！"话音未落，郑义愤怒离席，直奔炎恩小屋而去。可惜没能像之前他所预言的那样"四脚就踹塌小屋"。

崔益祥、焦阳追到近前，劝郑义别气坏了自己，要不明天再进行拆除。

在谷仓内，韦泽华因为没有守护好小屋而自责不已，无奈地隔空向炎恩致歉。

一场风波总算暂时平息。

3 月 15 日，热议栏进入，炎恩来信表示支持郑义拆除小屋的做法，韦泽华再遭网友质疑。对此，韦泽华坦言其实自己很珍惜郑义，不想让他离开。热议栏过后，韦泽华情绪很低落，没有吃饭，张守望、徐晶宇等轮流劝说。

另一边，丫丫找到郑义聊天，希望他以后不要针对韦泽华，但是一向火爆不羁的郑义却怀疑这是不是韦泽华在“玩阴谋”，所以自己不可能坐视不理。两人最终谁也没能说服谁。

2016 年 3 月 22 日，郑义带上山的一条叫“大黄”的狗咬死韦泽华养了四个月的小猫，韦泽华气得找到郑义，欲让大黄离开平顶。郑义不满，直言如果大黄离开，他也不会留下。这一天的午餐吃得十分尴尬。

晚上热议栏进入，韦泽华在池塘捡到的一个神秘纸条引起轩然大波，郑义与韦泽华发飙对质，二人争吵不断升级，互相指责对方心机太重，崔益祥、彼得忙劝解。

晚例会上，因为纸条事件，郑义和韦泽华再次爆发激烈争吵，花姨和韦泽华强烈表达对郑义的不满。看到这样一直吵下去也不会有什么结果，郑义和韦泽华决定出去私聊，以便给这件事来个了断。二人坦承地交谈，韦泽华解释了“逼走鬼哥”和“纸条事件”中的种种误会，郑义也对自己的误会和言行中的不妥表达了歉意……

最后，两个人都笑称“世纪大和解”，决定共同建设平顶。

韦泽华与郑义从误解走向和解

平顶之上，每个人都有自己的见解，每个人都需要被理解。矛盾冲突过后，居民之间又多了一些理解、包容，然后大家齐心协力，把平顶建设好，让每个人都能找到充足的幸福感。

其实说起来，所有的讨论、争执甚至争吵，都是围绕着如何建设好平顶而展开的，其中最大的就是经济问题。吕日阳专门就此撰写了一篇《平顶的建造过程，就像整个人类文明史的重来》，很有见地和系统性：

我是9月3日上的平顶。节目刚刚开播两个多月，首发居民完成了一些原始的积累，但没有形成常态的商业环境。居民们依靠替人组装笔芯，制作帽子赚取微薄收入。在外边，以“上帝视角”看平顶，这种出卖劳动力赚钱的模式，不足以让平顶获得更多的收益。这就是往往商人会比出卖劳力的打工者更富有的原因，所以平顶想要富起来，需要有一个行之有效的商业规则和经济环境。做商人，而非打工者。

这也是我上平顶的重要目标。

一、平顶经济发展的阶段

我把平顶经济发展分成四个阶段。

第一个阶段是混沌期，没有形成商业规则。

第二个阶段是萌发商业意识，但仍然以基础建设为中心。

第三个阶段是建设和经济两手抓。

第四个阶段是市场经济良态的形成。

在我刚刚上去的一段时间里，有两件印象深刻的事情：一个是中秋月饼；一个是点歌台。

一是中秋月饼的订购单很多，说明还是有很多观众在支持我们，这说明商业的道路是可以走的，也是可以被接受的。

二是我与胖胖（郑虎）和碧莹合作的点歌台。点歌台是收费唱歌的，向观众发布以后，收到很多信件。其中有的是质疑我们收费过高，身在封闭的环境，我们很在意网友的看法。就有居民找我研究，说要不我们不收费了吧。我坚持，无论是酒吧，还是街头卖艺，定价是由市场来调节。当时我们面临的情况是：一方面有人说贵，另一方面却是飞来的数不清、处理不完的订单。所以我坚持这是一个商业项目，并坚持不可把商业行为与公益联谊相混淆。否则很容易出现的后果是，今后的平顶形成不了正常的商业逻辑。

我们既然永远无法让每一个人都满意，那么我们就尊重市场即可。我们人人都想 1 块钱买到一幢大别墅，但市场总会给它最合理的定价，相信市场会有双看不见的手在调节。

那段日子过得穷苦，但是大家的心态都很淳朴。但外边的商业环境并不淳朴，人人都有自己的诉求，往往真实目的隐藏在最后。有些商业合作，打着支持的旗号来，实际却是用着廉价劳动力和消耗着平顶的平台影响力。

对居民们影响最深的，是温州的一家眼镜店来合作，用几个居民做模特。所支付的佣金，远远低于市场价格，可居民们一开始还是爽快地答应了，拍摄以后，我们觉得吃亏，并开始总结经验教训。

吕日阳在会议上积极表达自己的意见

那个时候，有找上来合作的，平顶不懂得拒绝。后来在一次会议上，我提出了一个“做甲方”的意见，主要观点是：并不是想和合作伙伴争个高下，而是一定要在合作中寻求主动。

即：以我们的诉求为中心，我们需要什么样的资源，来寻求外面的合作;而非外面需要合作什么，来找到我们，我们吃力地配合。

再到后来，有两件印象深刻的合作。

一件是：来自一家箱包厂的箱包设计合作。

一件是：来自旅行社的平顶旅行观光合作。

这两件事都是由我们居民参与报价，显示出我们的逐渐成熟的商业原则，对商业逻辑的尊重和商业意识的萌发。

非常值得一提的还有：大小项目组的经济制度。

可以说，这一制度对后来的平顶的发展走向，有着至关重要的影响。有居民对此提出过不同的声音，我们姑且不论制度的好坏，因为历史没有假设。

吕日阳与韦泽华为大家解释《小项目基金池计划》

经济制度的设立，让每个人手中可以有自己的现金。举个最实际的例子：原来定期会分水果，但有的居民不喜欢吃水果，水果对其就是无意义产品，换句话说，对其价值是浪费掉的。而这种集体经济的体制内，居民想买一个牙刷，都要上会讨论。要么委屈自己不买，要么跟所有人报备。

市场经济实行以后，居民有少量现金可以个人支配，好处是：1. 生产发展更有动力；2. 资源更加合理匹配。

二、网络的开通，让平顶跨过温饱线。

很多居民深有体会，在外边赚钱比平顶容易很多，120个摄像头曝光，数亿观看量的节目竟然赚钱如此艰难。造成这一问题的非常主要的一个原因就是：交易成本过大，阻滞了商业的发展。

在现实生活中，我们经常看到农民种出水果因为路不通卖不出去的新闻。平顶就是这样，网络没开通之前，想买我们的商品。要给我们写信，工作人员收到后，再打印出来由邮差送到我们手里。我们再手写，一封封地回过去。约定价格，银行汇款，收到款以后发货。整个流程下来，少则三五天，多则一个月。交易流程繁琐，交易成本很大。用电商语言来说，就是成交的转化率很低。

网络开通以后，最快的江浙一带，可以前一天订我们的产品，第二天就收到货。我们的一些手工艺品，自主品牌商品都能以最快速度到达对方家里。平顶有了正现金流收益渠道。

三、平顶赚钱的意义

平顶伊始，居民们都有一个野外生存的梦，一切以建设为中心，但完成了基础生存建设以后，大家逐渐发现，想要更多更好的建设规

模，一定是以经济为前提的。

建材需要购买，不会凭空掉下来，人也需要吃饱肚子才有力气干活。这个时候，空喊“建设”就变成了一个伪命题，居民们也意识到，我们并非都是专业的建筑工人，但大家可以发挥各自的专长来赚钱，只要有钱了，自然就可以造出高楼大厦。大家逐渐把赚钱和建设放在同等重要的位置。再往后发展，逐渐过渡到以经济发展为主带动其他领域建设的平顶发展战略。

⑤ 爱情，自古都是永恒的主题

情人节刚过，平顶上也氤氲着一丝男女情感的暧昧气息。在居民窃窃私语的八卦中，丫丫对韦泽华的好感初露端倪，而吕日阳则大胆向丫丫说出“如果爱只是说说而已，你让哑巴怎么办”的示好之词。Lily 姐（张琍）悄悄地给吕日阳支招，网友也在热议栏中起哄，让丫丫选出自己喜欢的男生。

这已经不是平顶上第一次擦出爱情的火苗。在过去数月中，韦泽华和刘洛汐、丘子健和丁囡、陈宪一和任欣宇，已经上演过几番平顶爱情故事。细细数来，往事历历在目。

如前面所述，当 7 月 23 日随着刘洛汐被意外淘汰，平顶之上的第一段恋情就这样销声匿迹。

9 月 8 日，平顶有一位新人要来。丘子健像预感到什么一样，一大早就跑到大门口等候，盼星星盼月亮，终于来了一位大美女！丘子健异常兴奋：“哎呀妈呀，老开心啦！我高兴得都不知道该咋笑了！”这位新人就是后来和丘子健虐恋到底的丁囡。丁囡是个职业模特，肤白貌美腿长，一进来，整个平顶都亮了。

丘子健毫不掩饰自己对新人的喜欢。

在丁囡到来的第一个晚例会上，张杰问她对丘子健有什么看法，丁囡表示不反感。丘子健顿时感到自己的生命被照亮了。

第二天，中午的烈日当头而照，丁囡要去干活。丘子健连忙及时地表示出自己的特殊关心："你傻啊，那么大太阳 ，快进来歇歇！"说着话，伸手帮丁囡整理衣服，还把自己的外套借给丁囡穿，帮她遮阳。

丘丁恋在烈日下骤然升温

9 月 10 日，丁囡帮丘子健洗头，丘子健心里乐开了花，扯着嗓子大叫："哇，好舒服！"午睡时，丁囡先是抱怨床太硬了；起床后，又跟在丘子健旁边说自己睡得手腕都疼了。体贴的丘子健看了丁囡的手腕后，殷勤地带着她出去散步。下午丘子健烧草木灰，丁囡来喂他吃花卷，气氛好不暧昧。晚上，丁囡还帮丘子健洗了衣服。

有一次，丁囡无意中说了句想坐秋千，丘子健便冒雨在谷仓门口的侧面开始搭建"爱的秋千"。丁囡在旁边看着，内心很是感动，还有些心疼，几次劝丘子健回去，但丘子健还是坚持，嘴里念叨着要根据丁囡的身高来设定秋千的放置高度。

这天晚上，丘子健一个人在认真地写信，却一直在刻意遮掩，难道他在写信向丁囡表白吗？

总之，一切迹象表明：两个人越走越近了……

在9月15日的晚例会上，丁囡害羞地读起丘子健写给自己的表白信。二人恋情自此坐实，成为继"汐宝恋"后平顶出现的第二段恋情。

相爱容易相处难，丘子健和丁囡的感情一度陷入虐恋阶段。10月8日，丁囡在地里撕粘蝇的纸，途中丘子健过来给丁囡打伞，后又撇下丁囡独自干活。回到谷仓后，丁囡有点情绪低落。晚上，丁囡在秋千处哭着问高峰："我是不是喜欢错人了？"高峰不知如何回答，但却意识到，丘、丁二人的恋情告急。

第二天，丁囡悄悄写信："恋爱是互相需要的，你不能漠视我对你的关心。"她希望通过信件和丘子健沟通解决两人之间的问题。

这天，恰巧是新人任欣宇进入平顶，她一袭白裙，仙气十足，丘子健边帮忙搬箱子边说："太不真实了！"丁囡把这一切看在眼里，醋意大发，两个人的矛盾再次被激化。

从这天之后，有一个人却发生了变化，跟丘子健丁囡形影不离的陈宪一一反常态，不再跟他腻在一起，开始积极投入到活动中，跟任欣宇搭起了舞台剧。

这种迹象，说明了什么？

你猜……

工作上的默契，让陈、任两个人在生活中也渐渐走到了一起。这一天，任欣宇和陈宪一一起洗衣服，娇弱的小公主拧不动，陈宪一顺势帮她拧干。二人又一起晾衣服，边说边聊，气氛暧昧，好不甜蜜。

10月20日，众人一早醒来就开始角色互换扮演游戏。"日阳，你的腰还好吗？"任欣宇摸着陈宪一的腰问，一旁的訾鹏调侃任欣宇："宪一，你竟敢背着欣宇摸日阳的腰！"任欣宇版陈宪一回应："没有，我爱的还是欣宇！"引得大家爆笑不停。

晚例会上，任欣宇发言："冥冥中的一种缘分，你温暖了大家，我也想走进你的世界了解你。"陈宪一起身，亲了一下任欣宇的额头。任欣宇和陈宪一演绎了平顶上的第三段恋情。

陈宪一亲吻任欣宇的额头

这边，任欣宇和陈宪一爱得甜蜜；那边，丘子健和丁囡的恋情陷入了焦灼状态。丁囡身体不舒服一个人躺在床上，高峰和宋鸽劝丘子健去关心一下，丘子健摆手不去，表示自己不喜欢小女生，后悔当初两人在一起。

丁囡在经历一段时间的虐恋后，终于开始觉醒，慢慢变得独立，不再轻易受丘子健影响，并开始向范梭学习编织。

11 月 26 日，丘子健找丁囡聊天，试图缓和两人的关系，他认为丁囡处理感情的方式不对。在丘子健口中，丁囡的关心变成打扰、安慰成为负担。湿冷的冬天晒着太阳本应很温暖，但丁囡并不开心。丘子健噤声走开后，丁囡难过极了，她对着镜头说:“莫名其妙地来到这里，谈了一场莫名其妙的恋爱，莫名其妙地把自己弄得这么伤心。”

12 月 3 日，送货员抱着大捧玫瑰花走进来，大家都惊呆了！丘子健接过花，亲手送给丁囡，彬子带头鼓起掌来。

“我好幸福啊！”丁囡笑得阳光灿烂，她亲吻了丘子健。

就在二人感情出现转机时，丁囡收到一封家信，原来丁爸因为丁囡和丘子健的平顶之恋，每天伤心难过，气晕过去了。丁囡当即申请了 48 小时。

丘子健把丁囡送出大门，返回谷仓的路上，他猛地回身，翻过平顶的围墙大喊：“丁囡，记得你答应我的！”之后，他一个人沉默地待在门口，眼睛红肿，迟迟没有回谷仓。

丁囡离开没多久，就回来跟大家告别了。丘子健的目光一直跟着丁囡。丁囡召集大家开会：“我爸爸现在还在医院，我决定回去。”

正在丘丁恋峰回路转时，丁囡突然收到家信

大家都料到了这个结果，但真心舍不得这个天真浪漫的孩子。

大门口，丘子健一脸淡定："我在这里送走了很多重要的人，你是最特别的那个。一开始是我开的门，现在也由我来关，外面见！"

送走丁囡，丘子健独自对着镜头倾诉："送走那么多那么重要的你们，我受够了，我不想再经历这一切。真的无法想象送走鸽子、胖虎的那种感觉，明晚见。"

当晚，丘子健独自在卧室收拾好东西，偷偷留一封信在厨房。这个冰冷的雨夜，他已难以捱过。

丘子健取下挂牌，走出大门。

平顶之上的爱情故事，必然会随着主人公的离开而备受磨难。陈宪一在10月淘汰周意外中标，饮憾告别平顶。陈宪一不仅自己走了，把任欣宇的心也带走了，她无心建设平顶，每天盼着自己被淘汰。11月进入的新人程炎恩帮任欣宇实现了这个愿望，终结了她在平顶的发展，她终于可以出去和陈宪一相聚了。

祝愿平顶之上的爱情在节目之外都能有个好结果。

送走丁囡，丘子健也为情而离开

对于这段感情，陈宪一是这样总结的：

平顶过往对于我来说不可或缺的一个元素就是“爱情”。

离开节目被很多人问起，包括观众、挚友、甚至家人，他们对于这件简单的事情有很多疑问，也借此撰写机会用一问一答的方式一并与大家交流。

问题1：节目里面在一起了，真的还是演的？

我可以诚实地回答，这段感情是真实的，而且自始到终都在很认真地对待，毕竟感情来之不易，既然来到了面前，就要彼此用百分之二百的专心去对待，对它付出该负的责任；。

问题2：面对120个摄像头，该怎么谈恋爱？

这的确是个有点儿恼人的问题，虽然做模特时习惯了镜头，习惯地在镜头前做出摄影师或者说作品欣赏者想要看到的样子，但是平顶并不是“作品”，我理解它应该是“生活”。社会中的生活是小众的，接受一个人的言行也只是身边的人，恰恰平顶的120个摄像头针对的却是喜爱这个节目的观众和支持我们的家人、朋友。

陈宪一与任欣宇都认真对待这段平顶恋情

一言一行要对百般宽容支持居民的观众负责，要对付出辛劳工作的工作人员负责，要对每个居民热爱的平顶负责，也更要对对方和彼此的家人负责。说给大家角色互换那天晚例会我叫峰姐（高峰）出去偷偷说的话，我为什么不在大家的鼓动下亲吻欣宇。如果放在现实社会中情侣接吻是件再正常不过的事情，但是在平顶我贸然去做的话，跳开自己换位思考，欣宇的家人有可能会承受着网络暴力的言论或者压力，与其给欣宇和她的家人增添那些需要消化的言语，不如我来多考虑一步使其规避掉。

其实这也只是一件很小的事情，我个人对于感情的表达本身也不是去做得轰轰烈烈，小事儿足矣。当事人可能感受不出很明显，镜头也可能捕捉不到，但是无论在 120 个镜头的平顶还是在现实的生活，都应多想多做少说吧。

问题 3：相继离开平顶后回到社会生活中如何过渡？

感情本都一样，不管我们是在节目中还是在现实社会中相识相

恋，我们面对的压力和问题也是只多不少，现实生活中的压力我们也在经历，很多也是正在经历，事情也只能是遇到了努力解决。俗说话“兵来将挡，水来土屯”，我们能做的也只有如此，毕竟我们都在成长。人生关系着感情的成长，感情牵动着人生的成熟，我也只是人生和社会的小学生罢了。

问题 4:我如何评价平顶的感情?

众所周知，我的感情并不是平顶第一份，很多观众来到我的微博和微信关切其他人的感情。我这人有一个奇怪的毛病，我不去评价，不评价他人为人、不评价他人言行，这点我在我上文提到的我在撰写的随笔中也有心路记录。人是主观的，即便贤圣也难以完全脱离主观，完全客观地发现和评述，我是独立个体，其他人也是，我和您并不是他、她。

所以推己及人地去体会，他们也有很多不容易，在此也恳请大家用宽容的眼光去看待、用友善的心去感悟、用真诚的文字去祝福!

三

每个人都是花样生活的创造者

① 高手在平顶，每个居民都是天才画家

来到平顶的居民个个都是天才。无论是自己本来的主业，还是自己根本就一窍不通的东西，对于居民们来说，只要喜欢、愿意去做，什么事都不在话下。画画也是如此，从最初作为设计师的首发居民刘志轩，到后来的画家明叔、訾鹏，都希望用自己的画为平顶创收，而画画的外行彬子也在明叔和訾鹏的建议下，静下心学了起来。

第一个想到用绘画为平顶带来利益的是刘志轩。2015 年 8 月 8 日，沈老板打电话和刘志轩商量居民肖像画的事情，最后敲定一套定价 1 万元！之

后，刘志轩召集居民们一起开会，提出了长期商业计划：

第一步，接受个人画作预定。4 幅风景画色彩版 8000 元，12 幅肖像画 1 万元，刘志轩说："一个月我只画 20 幅，这意味着还有 4 幅被预订的机会。"在一个月里画好 20 幅画，将会给平顶带来 2 万多元的入账。

第二步，推出 1 000 件"初心"系列 T 恤。

第三步，推出高端定制礼服。争取在 9 月 7 日出货前将衣服的样品在谷仓内展示，同时接受预订。

刘志轩提出的这个商业计划获得了大家的一致认可。

但是到了 8 月 10 日晚上，刘志轩自己却要放弃肖像画订单。他坦言自己不喜欢量产化的东西，他喜欢精致，他的作品要做精致。

对于刘志轩来说，这是很难的抉择。订单的压力、如何跟居民交代，让志轩的内心备受煎熬。思虑再三，他最后还是决定推掉了订单。面对易秋的质疑，他坦言自己的能力并不能胜任这个任务，与其如此，不如老实承认。而居民对刘志轩的决定也都表示了理解。

刘志轩陈述自己以卖画创收的想法

张杰觉得刘志轩快乐就好，同时易秋也希望画画能给刘志轩带来快乐，所以不要有压力。很多网友对刘志轩这样勇于承认不足的精神感到佩服，认为他这次很男人！

8 月 11 日，沈老板又打来电话告诉志轩，他已和客户沟通过，客户答应不要违约金了。为表示感谢，志轩想免费送给客户一幅平顶漫画作为答谢礼物，并让沈老板尽快帮他把画笔和颜料带上来。

另外，沈老板还给志轩带来一个好消息，有一个客户想来和他交流，想让他画一张有 12 个人肖像的平顶画。

想用自己的画为平顶挣钱的还有明叔——李晓明。11 月 16 日中午，因环境改造问题心烦意乱的明叔决定以后安心画画为平顶挣钱，不去管其他事情。花姨建议明叔静下心来做自己想做的事情，并央求明叔帮她画画。明叔爽快答应，称之后会完成平顶风光、平顶花卉、野生鸟类系列画作共 36 幅。

李晓明博客上的平顶系列素描画之一·平顶大门

10 月 30 日，明叔建议性格太急躁的彬子——田彬子学习画画，静一下心。彬子听从建议向画家訾鹏请教，訾鹏告诉彬子画画的投入和产出并不成正比，劝其好好考虑，彬子称一定要珍惜平顶丰富的资源，向高手学习。

彬子决定攒钱买画布学画画，訾鹏好奇彬子学画画的动机。彬子直言是思想的进步，因为他脾气急躁，明叔建议他学画画静静心，他也有心向学，所以打算试一试。

訾鹏认为彬子想学画画是心血来潮，他对彬子说："画家是一个投资非常大的职业，画纸、颜料还有其他都需要不断投资，而产出的限制又比较大，不像歌手做音乐产出很快。"彬子称已经认真考虑了好几天，决定还是要试试，他笑称："毕竟平顶现在有这么多的高手在呢！"

彬子有了学画的打算之后，便拿起画板和颜料画了起来。看到彬子画了一上午未完成的油画，訾鹏笑称完成之后肯定能卖 800 多元，而张丽维看到后打趣道："很帅，可以卖 1 万块钱了。"下午明叔看到彬子还在描画，说道："这小子要成精！"居民猜测彬子的这幅画肯定能卖出去，韦泽华颇深沉地说："有可能是 5 位数。"

彬子立志学画，出手不凡

彬子向韦泽华和宋鸽讲解他的画作寓意，目前包括色彩和枝蔓的元素，称自己作这幅画分为三步，并比作“打开冰箱门，把大象放进去，然后再完美地关上门”，现在只完成了第一步，还没有达到他设想的最终目标。韦泽华打趣：“只要你做到这一步，签个名字，6 位数也是有可能的。”彬子笑着说：“干脆出去以后画画卖就行了，一幅 5 000 元，一天一幅很容易。”

彬子的油画获得了居民与网友的好评，明叔说：“你这是走我们的路让我们无路可走啊，这都进军油画界了！”花姨调侃彬子直接把明叔和訾鹏“秒杀”了，彬子解释说这幅画是把绘画大师蒙特里安的两幅画融合在一起并加以改造的。訾鹏笑道：“我老板准备辞退我聘彬子了！我佩服彬子，他看完两幅画就能给合在一起了，好有底气啊！”彬子听到明叔和訾鹏给予这幅画很高的评价，乐得合不拢嘴。

11 月 13 日，范梭也拿起了画笔，临摹彬子的定妆照片。彬子看到后直呼：“好别扭啊，完全不是我！”范梭笑称画彬子没手感，越发觉得难画，韦泽华打趣范梭：“因为你心中没有爱。”张丽维边做丝网花边回应：“黑一个人最好的方式就是画他的画像。”范梭称画彬子时发现他不留胡子很清秀，訾鹏打趣：“还清秀呢，我以为是在悬赏呢，抓到了能马上兑现吗？”

邓秋婷的平顶系列漫画之一

听到范梭夸自己长得清秀，彬子得意地回应：“我刮了胡子本来就很清秀，比吕日阳还要嫩，我只是想让自己显得苍老一点才留的胡子！”看到几人讨论彬子的画像，明叔也走过来打趣范梭。

2016 年 3 月份，平顶再次迎来一位在绘画界响当当的青年才俊，那就是“豚宝”邓秋婷。她在平顶虽然待的时间并不长，但她以平顶居民为素材创作了大量漫画。

作为平顶的重量级画家訾鹏，他系统地叙述了平顶画派的全貌：

进入平顶三个月是我的节点，我总结也是每个居民在三个月时都有的节点。三个月的时间很微妙，减少了作为新居民体验刺激的新鲜感，排除掉被投票的紧张感，接下来考虑的是怎样真正地进入和维持“15 个”的状态。

进入平顶时，很多人理所当然地认为我可以卖画为生，为平顶赚取一些资金。作为来平顶的新居民，很多都有体验新生活、新技能的态度，我也一样。入平顶前，我预想通过两种方式为平顶致富。

第一种是运用自己的兴趣、爱好——做潮牌，用我刚做潮牌的一些知识和经验为平顶量产一些服饰。原本为自己品牌设计的“谦谦君子”和“滚独自”系列（进节目之前一直不确定自己能否参与节目，所以日常生活和工作计划按部就班），直接放在节目里试验了，虽然有些非议，但毕竟一切创意都是我自己所想、自己创造出来的，这是关键。

关于做服饰。进节目之前，我发现前期平顶的经营模式主要以手作为主，由于产量低、耗时长，对于平顶建设贡献不大。进节目前的一个月左右，平顶找了代工厂加工自制口味的月饼，销量不错，所以这使我有了做服装的信心。但（月饼）由于疏忽监管环节，以至于有口味、运输的细节问题，所以我们在做服装时着重强调了审核和质量把关。这也是平顶经验带来的财富。

訾鹏的布面油画·游乐场4

第二种致富方式自然是我通过创作一些画来盈利。由于前期平顶所买物品并未带来太多的收入（泽华的“给力手镯”除外），所以我对平顶经济持悲观态度，前期便创作了些水彩风景、花卉、素描等小品类的作品，售价也不敢过高，从几百元到几千元不等。虽然总价不高，但一本万利，卖的是工夫，还算乐观。但创作是要状态和灵感的，一味地透支自己的灵感不是来平顶的目的。毕竟来时提醒过自己：我是来找寻灵感的。所以创作的作品都是在体力劳动后有灵感、有感受时创作的，也算对得起自己。

《玉猴》是我在平顶三个月的时候创作的。那时的平顶有经济压力，而平顶的制度看似是集体主义，但实则个人主义为上。平顶整体气氛不太好，我处于三个月节点——迷茫期，感觉平顶天气冷、气氛冷，最难的时期要找寻疏导的方法。对我而言创作是按摩心灵的方法，心中的寒冷和力量通过灵感迸发出来。在“寒冷”的平顶节点期，孤独的我最思念的就是妈妈和小君，想起她们就会给予我很多力量和温暖。孤独、紧张的我想要“拥抱”最亲、最近、最爱的人，她们如此安详、幸福，是我心中思念和向往的。想到这些，画到这些，心中的寒冷云消雾散，这是平顶给我的很大感触：对于情感理解得更深、体会得更透了。这灵感也是水到渠成、自然流露的。

说到《玉猴》的价格，之前我有点顾忌画不画和卖不卖。毕竟这是档节目，自己的生活、工作有自己的轨迹，也担心画廊与自己的合约。但当时平顶的经济状况实在不乐观，心想如果真能按我作品的市场价卖出，对于平顶建设是个不菲的数目，为了平顶和我在意的人过得好些、少受压力，就先画完再考虑下一步吧！

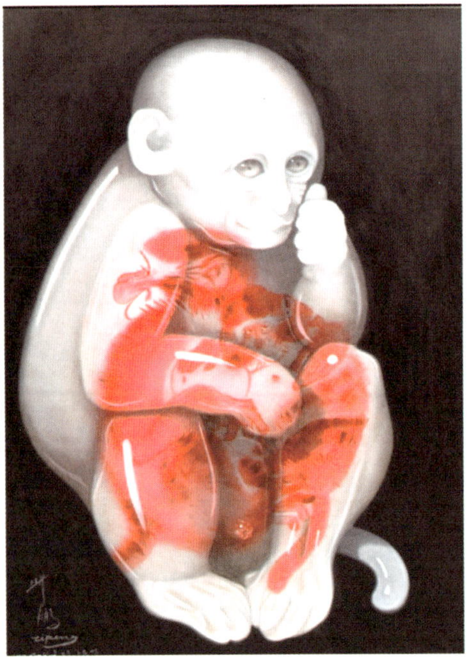

平顶大市场上訾鹏创作的《玉猴》

出于对这档节目的认识，起初我以为不会有人对我的作品感兴趣，因为艺术从来都是小众文化，一些藏家不一定能关注到这个节目。但庆幸的是后来有人懂了我的作品，而且还有好几个，这让我很开心，而且通过节目能让更多人了解艺术家本人对于作品的解读。这个节目的优势就是它真实地记录每一件事发生的前后、起因，完整地记录一切。这个节目带给我很多惊喜，很多事情的发生触动了我的内心。这种激活给予了我很多灵感和对情感更感性的认识，这对于我的艺术生涯帮助很大。我庆幸来到这个节目，进行一场丰富的体验。对我而言，我心存感恩。

关于人物画。现在回想起来，也许李有才事件作为节目不算什么，就当他为了节目效果罢了。当时我心里虽清楚身在节目中，但我把这里当生活了，而且太当回事了，这是我后来才意识到的。很庆幸，我结识了几个救过我的哥哥和弟弟（虽然在节目里没体现出来具体情况）。所以要画画就画有自己情感的画，也算是送给哥哥、弟弟的一份心意吧！

訾鹏在平顶上挑水浇菜

平顶是个小社会，每个人都有自己的社会属性。平顶出现过很多画家或从事艺术相关活动的居民，但随着时间推移，我在平顶待的时间越来越长，期间也出现只有我一个画家存在的时候。我清晰地意识到，我要以一个画家的身份或审美来处理一些平顶的事务，包括装修配色、设计方案、视觉搭配和艺术指导之类，但从事这些非常难、非常累，因为很难让所有人喜欢、满意。这样的想法困扰我许久，我本身不是特别有自信的人。所幸平顶来过很多设计师，每次我都很珍惜与这些设计师的交流，他们给平顶很多有意思的建议。最后我内心得出一个结论：每个人都有自己的喜好和理解，不可能满足所有人，只要适合大部分人的要求就够了。所以在厕所涂鸦和汽车改造餐桌上，结合平顶花草多、缺少很多色彩的旧环境，选择了大师的作品元素进行涂鸦，无论别人怎么看，我还是很爱这些作品的。

谈到艺术指导，从最早的彬子、吕日阳到现在的Linda、守望和郭道辉，彬子、日阳的“炒作派”方法我不太赞同，我那时寄希望于晓明叔作为前辈而做出更有说服力的点评。那时的我确实没有起到艺术审美衡量的作用，自然就没有起好头。对于平顶爱画画的人，我的点评原则是鼓励。对于郭道辉绘画的事，我针对的是那晚五个人给予的点评。在没有其他专业艺术点评的情况下，我的点评（或许说，我站在专业的角度上给出的点评和态度）更专业、理性些。当时五位居民一味地夸赞、捧杀，这对于还未进入艺术行业的人是有害的。可能我太以专业的角度去衡量了，我本可以更合理地表达出来。不过，这件事至少让我懂了两个道理：1）在节目中要顾及120个摄像头的放大性，顾忌父亲和男人的尊严；2）在这么小的环境里，不说不做别人就不一定清楚、了解。

平顶的画家很多，从最早的刘志轩、张婷媗、韦泽华、春人，到我进节目之后的彬子、吕日阳、李晓明、范梭、程炎恩、吕涛涛、郭道辉、崔楠、张守望、豚宝、马敌等。总之很多，我觉得起因还是彬子看到先机（他的理由是我画画产生的利润大嘛，哈哈），他买了很多画布，成立了“彬子画院”，所有用画布的都是“彬子画院”的人。“炒作派”我虽不认同，但因为跟我没什么瓜葛，所以没插手这件事（其实影响了之后居民的观念）。很多非专业的居民画画是出于好玩、体验和释放情绪，这有利于艺术的推广和普及，我很乐意指导他们一些艺术知识。“炒作派”很契合当下艺术环境的某些做法，也很真实，却加深了我对艺术的坚持，更尊重艺术。

关于“出世还是入世”。起初进入平顶，我觉得平顶像个世外桃源，很美好、很新鲜、很兴奋、很放松。丢下手机、网络、烦琐的生活细节和世俗，在这里建立一个香格里拉般的世界。但像之前说的，进入平顶三个月是一个节点，一切新鲜过去了，这里更像真实的生活，世俗的一切这里都有，在生活中遇到的烦琐细节这里也有，甚至更甚。所以回到我理性的认识，有人的地方就有江湖，在哪里都是生活。

② 激情唱响，平顶好声音！

平顶居民中郑虎是待的时间最长的。郑虎在生活中是一个非常快乐的人，他不仅喜欢做饭，还喜欢唱歌，他的歌声一次又一次为平顶带来了欢乐，大家受到了这种气氛的感染，渐渐地把歌唱带到了生活当中，不仅平时会哼唱，还开起了演唱会。

7 月 20 日晚上，平顶要举行第一次“点歌台”活动。参加过“星光大道”又被称作“平顶好声音”的郑虎兴奋得一边做饭一边练习唱歌。同样热爱音乐的韦泽华则一边照顾奶牛，一边练习网友点唱的歌曲。

晚上 8 点钟，平顶点播台准时开播，这是继《十五分之一》和《坏姐姐电台》之后又一个平顶居民自制节目。节目一开始，郑虎首当其冲，演唱了《我的太阳》和《莫斯科郊外晚上》显露唱功；随后张杰和郑虎唱起了长征组歌；“花姨”魏敏也加入了唱民歌行列，唱起了《红梅赞》，又和郑虎合唱《洪湖赤卫队》。郑虎认为中国歌曲比西方歌剧更加婉转动听，于是又唱起《山路十八弯》，还对自己的歌曲进行自嘲。

后来应广大网友要求，郑虎与韦泽华合唱了一首《空白格》。最后，韦泽华的一首《小鸡哔哔》将节目推到了高潮。

韦泽华在平顶点歌台演唱《小鸡哔哔》

除了郑虎以外，网友还希望听到邓碧莹、韦泽华唱歌，也有网友点名让陈宪一和郑虎演唱林俊杰的《期待爱》。

平顶爱唱歌的不仅有郑虎和张丽维，彬子也会时不时地拿起吉他唱几句，有网友爆出彬子曾在大理唱歌的照片。该照片一发出便引来网友热议，有网友认为彬子是深藏不露的大神。

除了点歌台，居民们还在平顶上举办了音乐派对。

10 月 14 日，南无乐队主唱刘相松为了与平顶合作音乐派对的事前来踩点，并表示想把这次演出办成像家庭聚会一样温馨的音乐派对。

南无乐队与平顶居民们举办的音乐派对

17 日是音乐派对的前夜，韦泽华宣布门票还可以明天现场购买。訾鹏、吕日阳展示了卫衣和帽子。郑虎则为任欣宇试唱《儿行千里母担忧》，任欣宇听得眼泪汪汪。

18 日，筹备许久的音乐派对终于来啦！南无乐队成员带着十斤肉进入平顶，准备跟大家一起包饺子。张丽维直呼："我已经醉得不要不要的了！"

彩排中主唱刘相松直夸郑虎、张丽维唱得好，张丽维谦虚道："不行不行，现在还不在状态。"

音乐派对开始，古时大红的官服、亮黄的旗袍、极具中国风特色的服饰纷纷亮相。在南无乐队的热烈开场之后，南无乐队演唱新歌《自己的朋友》时，彬子在一旁打自制鼓伴奏，陶醉其中。

▶ 音乐派对开幕时的复古表演

▶ 歌声嗨翻全场，在平顶上空飞扬

除了南无乐队，这场音乐派对当然不能缺少平顶的“重量级嘉宾”——郑虎，一首《花儿为什么这样红》瞬间带动现场气氛，悠远嘹亮的民族风飘扬在平顶上空。

不同于郑虎的悠远嘹亮，张丽维极具欧美摇滚范儿的嗓音和打扮，瞬间把音乐派对推向高潮，一曲《I hate myself for loving you》引得台下观众欢呼不断，掌声连连。张丽维的自创歌曲《平顶之上》是压轴节目，居民们要一起唱，韦泽华招呼着不能落下吴春飞……

▶ 张丽维的演唱震撼全场

活动中间，陈宪一、丁囡表演了 T 台走秀，还穿插着訾鹏的卫衣广告……整场音乐派对圆满结束。

张丽维觉得一直作为嘉宾很可惜，她希望有一场属于平顶自己的音乐会。这个想法一经提出，居民们就在 11 月 11 日下午三点，如火如荼地开展了“平凡的梦响”发布会。由张丽维、郑虎、韦泽华、赵小斌共同主持，宣布此次平顶新年音乐会将于 1 月 24 号下午两点正式开始。

郑虎宣布可以在京东平顶大市场、平顶供应商和旅行商购买预售门票，或者直接来现场购买门票参加音乐会。张丽维称这次音乐会不同以往，在室内举行，并且此次好多平顶上会唱歌的人都会现场演唱。郑虎更爆料 1 月 14 日将正式发布歌曲《平顶之上》，音乐会当天来到现场的朋友可以得到放在定制 U 盘里的这首单曲。

对于选手报名参选的歌曲，张丽维建议歌曲由参与者自己选择，如果只唱《平顶之上》就相当于只针对粉丝了。而韦泽华推荐他们都唱《平顶之上》，因为毕竟是在平顶这个背景下展开的音乐会，会唱这首歌应该优先考虑晋级。

1 月 15 日，在讨论了多种海选方案之后，“平凡的梦响”最终决定采用发送音频的方式进行选拔。被选中的五位选手，可以带三位朋友以八折的价格即 160 元购买预售门票，而歌王额外的福利是，可以得到以后音乐会的终身 VIP，并在发布会中临时增加了一项福利——可以免费带家属和不满 140 厘米的儿童，获得独家大礼包，不用海选就可以上平顶。

1 月 19 日下午，音乐制作人姜勇军再次到来平顶，宣告豪华版金曲《平顶之上》制作完成。他为大家展示最后的成品，居民随着音乐微动起来。吕日阳听完感慨姜老师制作精良，张丽维则为自己能在这里写歌感到很激动，同时表示自己还想在“15 个人”齐全的时候，写一首专属于 15 个人的歌。

1 月 22 日晚上，张丽维得知音乐会的设备由于天气问题无法运上山，居民们开始讨论音乐会延期时间，最终确定在 2 月 20 日举办。赵小斌认为延期可以有更充分的时间做准备，韦泽华赶紧去编辑音乐会延期通知。

但时间过得飞快，一转眼就到了 2 月 17 日。当天下午，郑虎、韦泽华、张守望三人召开发布会，讨论重新启动音乐会活动的事宜，并定于 2 月 27 日下午 1 点钟准时进行。重启后的音乐会阵容庞大，除了张琍和丫丫有特殊原因不能参加外，其他 13 位居民均会参与其中。

“平凡的梦响”演唱会现场

谈及表演嘉宾，郑虎表示各个类型歌手均有，不仅有音乐才子张守望会为大家带来边弹边唱的表演形式，还有情歌王子韦泽华反串演唱，彼得、崔楠等人的首次摇滚秀……在本次音乐会上，每位居民都会带来颠覆性的表演，主旨是通过狂欢与大家一起欢乐，所有盈利也均用于娱乐。同时，为了补偿音乐会延期所造成的网友损失，韦泽华表示之前买了音乐会门票没来的网友可以再带一个人上来，与大家一起狂欢。

2016 年 2 月 27 日，“平凡的梦响” 音乐会终于拉开了帷幕。

作为平顶的实力唱将，张丽维专门写了一篇文章《〈平顶之上〉，留下我们的歌声》：

《平顶之上》这首歌，创作很有意思，与其说它是一首歌，还不如说是我在平顶上所体会到的生活。

前面一段，最开始的那一句“爬得多高，站得多远，才能看见你。”是我还没有进平顶的时候心中的体会，因为那座山给我的感觉是非常高、非常远，这是一座很神奇的山，然后很渴望来到这座山，看到里面的人。

“新的方向，心的世界，停隔在这里。”那个时候的自己处于迷茫期，当我看到有这么一个地方存在，感觉自己找到了另一个新的世界，也是属于自己内心的世界，什么都不想去想，只希望把时间停隔在这个美好的时刻，美好的瞬间，美好的地方！

“时间累积，剩下回忆，心中不变的是激情或热情，最后是纯情。”当我三选二来到平顶之后，心情是非常激动澎湃的，投票日那天留下来之后，很感恩这片土地，感恩每一位让我留下来的居民，让我能够好好的起码待上一个月。时间一天又一天过去了，慢慢觉得这个地方越来越神奇！因为这里有 120 个摄像头，记录着我们的喜怒哀乐、我们的每一次欢呼每一次争吵、我们的每一次相聚每一次分离、我们的每一次欢声笑语每一次号啕大哭！有时我们在生活中不会发现自己是一个什么样的人，不会那么清楚地看到自己的优点和缺点，摄像头却帮我们时刻记录着！时间在累积，剩下的回忆它帮我们拾起，你当初上山的那份是什么情？是激情还是热情？或许都有吧！但是最后都是为了那个纯情的自己，为了那个单纯的自己！

“我要看见那山顶上的你，挥着锄头在耕着草地，山上还有一头牛叫奶汐，和牛妈妈十五人在一起。”这几句非常应景平顶最初的状态，勤劳的居民，挥着锄头的，拿着镰刀的，无论男人女人，都在一起开垦着长满野草的地。旁边其乐融融的两头牛，牛妈妈和奶汐，还有我们十五个，幸福地生活在一起！

“为了梦想为了生活，为了梦想为了生活，最后为了纯真的自己。来到平顶到底是为了梦想为了生活，最后为了纯真的自己，来到平顶到底是为了梦想还是生活，其实最重要的是来寻找最初的那个纯真的自己！”

以上这第一段所有的歌词，写接下来的歌词遇到过瓶颈期，因为我不知道怎么形容接下来的平顶，过了一段时间，在泡着脚看着外面月亮的时候，突然有了灵感！

居民唱响《平顶之上》

“梦的起点，就在眼前，看你怎么选。”寻梦，或许上平顶是一个很好的选择，可以让你找到唱歌的新感觉，可以尝试着写写歌做一个原创歌手，它就是梦的起点，放在你的眼前，但是代价就是离开你最爱的家人、挚友，亲朋好友你都会联系不上。只要去了那里，你就有一年或者几个月不能陪伴在他们身边，与外界隔绝，没有互联网、没有电脑、没有手机、没有胡吃海喝、没有任何娱乐，上平顶或许会是梦想的起点，但同时也失去了很多，如果是你，你会如何选择？

“所有流言，尽管难言，做自己永不变。”日子一天天过去了，外面的人觉得你是一个什么样的人呢？我们不知道！我们只知道要好好做好自己！

“一天一点，思念点点，遥远另一边，是无数的憧憬等待未来的你。”每过一天，对家人朋友的思念就会多一点，遥远另一边的你们过得好吗？你们是否很期待遇见那个在平顶之上成长磨炼后的我？

平顶之上歌声飞扬

“我要看见那山顶上的你，泥泞路上在突破着的自己，不管流言蜚语多么任性，不忘初心要做自己的奇迹。”不管别人怎么说，不管流言蜚语，我们要不忘初心！做最初那个纯真的自己！

整首歌写好之后，一开始只有我一个人会唱，于是我把这首歌教给了郑虎，他学歌很快，我的初心是让大家都学会这首歌然后合唱，但是有一些居民实在五音不全，一个人教有点困难，于是郑虎和我分工合作，他教男生我教女生，但是大家还是没有都学会！

直到后来“好声音”学员吴莫愁来到平顶，送了我们一份大礼，就是音乐制作人姜老师，他的到来让我们很兴奋、很开心。一想到我们会有属于自己的歌曲，很多不会唱的居民也纷纷学起来，因为大家都不是专业的，教的过程很累很难，姜老师甚至崩溃，但是最后还是克服了重重困难。

演唱的每一句都是分好的，个人感觉郑虎第一句民族唱法是一大亮点，他每天辛苦地烧饭，但是不要忘记他的本，他是一位民族歌手，所以第一句由他用民族唱法亮相，也是为了让更多人知道他，记住他！之后是男女交替唱，那个时候大家知道那个月走了很多居民，我们还开玩笑说因为要唱歌，怕了才纷纷离去吗？那时候居民只剩下 10 位，女的只有我和魏姨，我本来想着要不要请一些老居民一起演唱，但后来我改变了想法，因为那个时候我们很困难，人少更要团结，10 个人也有力量，虽然处于低谷，但是我们没有倒下！我们还是努力地好好在生活！

录制当天，姜老师很耐心地帮我们录音，有些本来五音有点问题的居民都神奇地唱好了，再加上后期姜老师团队制作的混音和声，歌曲出来的效果我们都很喜欢。当时封闭的环境中听歌是一件很奢侈的事，我们居然还听到属于自己演唱的歌，别提大伙有多开心了！这首歌本来我想要的感觉就是循序渐进的，一开始的清晨很安静、很朴素，我们渐渐苏醒，就好像第一位居民刚刚推开门来到这儿的一刹那，之后就是加快，很积极向上、很阳光、很有正能量！然后看到热爱生活、充满激情的具有感染力的一群人！

"平凡的梦响"是"响"而不是"想"

在平顶上举办音乐会与在外面不同，舞台搭建、运输设备都比外面困难！能搭出一个舞台是非常惊喜的事，在我上平顶没多久，有幸参与了"南无乐队"的音乐派对，舞台搭建得很独特，很应平顶的景，没有华丽的灯光没有奢侈的舞台，但是看上去那么温馨。

音乐派对活动当天，所有人紧张筹备，各司其责，能在平顶听到乐队现场演唱，很兴奋！服装没有那么精致，妆容也没有那么夸张，但给人不一样的感觉，就是特别温馨的音乐会！之后由我发起了一次音乐会，属于平顶居民的音乐会，我认为我们平顶要有属于我们居民自己的音乐会！

"平凡的梦响"为什么是"响"而不是"想"，因为这次我们是为梦想而发声，为梦想而唱，要唱得响亮！即使有些居民不是专业的，但是都很努力去练习，想让大家感受到我们这股力量，爱的力量！也希望在年前给大家一个交代，为了支持我们的网友热闹一番！我们不以赢利为目的，就像一个大 Party！

前期我们几个人商量了一下，然后集合居民开会，刚开始大家都不同意，他们说怕亏损。之后我们预算了成本，联系了音响，联系了吃的喝的，把成本压得很低，大家都同意了，也努力地配合着！

正当万事俱备，等着音乐节快来，突如其来的一场大雪冲掉了心中所有的期待，那个时候内心是沮丧的，为了已经买了车票、机票的朋友继续举办？但是实在是不安全，考虑到大家的安全，决定推迟音乐会。经过这件事，我觉得自己做的很不妥，什么都解决好了，就是没有查看天气，要是一开始知道下雪，那么我们就会更改音乐会的日子，不会让大家失望，也不会给自己带来遗憾！所以在平顶举办音乐会，首先要查询天气预报！之后的“平凡的梦响”我没有参加到，但是感觉应该不错，居民网友都很热情！

我认为平顶特色的活动就是绝对要跟外面不一样，它才可以称为平顶特色，用平顶上的元素组成它的特色！这种活动一定要别出

张丽维在平顶实现了自己出一首原创作品的梦想

心裁，比如“意想不到”也是很有平顶特色的活动，利用平顶上的特殊地理环境、特殊室内场景玩很冒险的游戏，记得在平顶上踢足球那次活动，地面不平还下着雨，踢这种足球特别考验水平，也不是像标准的那种规则，没有标准的球门，但是踢起来特别有意思，我想这样的足球场在外面肯定是没有的，我认为这就是平顶的特色活动。还有一次平顶上的居民和外面的小朋友交换礼物，我觉得也很有特色，居民们制作了一些礼物，很多都是外面买不到的东西，对于孩子们来说很有纪念意义！我觉得只要是带有平顶元素的活动，再加点创意，就是平顶特色的活动。

③ 这样 HIGH 呀！小草根们的大舞台

2015 年 8 月 30 日是平顶的儿童开放日，这一天，居民们打扮成孩子们喜欢的人物：哈利波特、女巫、小丑、花仙子。这个活动对于平顶来说非常重要，作为第一次“化装舞会”，可以为之后各种各样的戏剧表演奠定基础。

平顶儿童开放日

9 月 18 日午饭时间，碧莹称万圣节快到了，建议开 Party，“装各种鬼。”高峰提到上次电影院来信讨论合作，她认为可以与对方以上次音乐会的形式合作，但是大家认为在平顶设电影院没有市场，所以都不看好。韦泽华笑着说：“除非出《我们 15 个》电影版。”于是高峰提议排话剧或者舞台剧，自己写剧本自己演，称话剧比看电影更吸引人，众人点头同意。

在场的吕日阳称话剧靠谱，可以选择排的话剧有《白雪公主和七个小矮人》《等待戈多》等，高峰建议在话剧中加入平顶元素，突显平顶特色。邓碧莹称可以排“白雪公主和七个小黑人”，吕日阳打趣碧莹是白雪公主，其他人都是小黑人。碧莹则透露自己喜欢《茶花女》，笑称吕日阳是“茶花男”，吕日阳则自我调侃：“我原来是风尘男子，后来从良了。”

▶ 吕日阳与高峰等一起商量排演话剧

10 月 8 日，平顶迎来新居民萌妹子任欣宇，她称自己是学表演的，这次带来了剧本，可以和大家一起排话剧。于是有一天，明叔就看到任欣宇、訾鹏和宋鸽在排练话剧了。经验丰富的他向任欣宇建议，排话剧首先要全身心投入，因为只有感动自己才能打动别人。同时，他知道编剧很辛苦，需要反复斟酌台词，他劝任欣宇多学习话剧的表演方式。

訾鹏顺着明叔的话，爆料高秀敏丈夫的助理和赵本山的编剧都是从刚毕业做起，后来越来越厉害，宋小宝的戏和喜剧电视剧《废柴兄弟》都是他导的，不过当编剧确实很累，每天只能睡三四个小时。

2016 年 2 月 19 日，由平顶俊男韦泽华与靓女武雅静主持的“平顶 10 分钟贺岁片”首映礼拉开了帷幕。“平顶小卫星”与“平顶 TV”全程直播了本次活动。接下来，让我们一起回顾最为亮眼的红毯秀环节。

“武打巨星”崔益祥和话剧明星包圆圆霸气开场，崔益祥的一段双截棍表演直接震垮舞台！

包圆圆优雅牵手崔叔走红毯

超模 Linda 牵手赵小斌走红毯

压轴嘉宾郑总闪亮登场，一句“尖叫声不要太大，太刺耳”震慑全场

郭道辉承担了为歌曲《平顶之上》拍摄 MV 的任务，他安排赵小斌站在台上做出唱歌抬手的姿势，一向古灵精怪的赵小斌因为这个姿势太过正经总是笑

场，于是临场发挥：两手挥舞着红绸缎，跟着《舞娘》的歌声旋转、跳跃……围观的包圆圆大声尖叫："好看好看！"

3 月 14 日，首期《平顶 TV》爆笑来袭！张守望和訾鹏化身搞笑主播狂黑居民。张守望说："平顶公厕美化工程完工，平顶完成人类史上最浩大的工程，訾鹏表示每天可以拉艺术的屎。"訾鹏说："Linda 一天喂牛八次，在平顶完成从超模到村姑的转变。"搞笑段子层出不穷，居民们都要笑疯了。

④ 出手不凡，居民们各具特色的艺术品

在平顶生活就像在世外桃源一样，呼吸着新鲜的空气，看着蓝天白云，吃着绿色的蔬菜，处处都透露着原生态的"桃花源风格"。然而，在这样的乡土气息中，也存在着令人眼前一亮的独特设计。

8 月 2 日，居民们迎来了"平顶一日游"的六位访客。肖凡凡制作的手链被一对母女和一对情侣购买，刘志轩的手绘 T 恤也售卖了出去。第二天，沈老板又给居民们带来了木镯原料 20 个、木戒指原料两盒，外加砂纸等打磨工具。

谦谦君子卫衣

“平顶一日游”活动中，居民们自己制做的工艺品大受欢迎。8 月 16 日，服装加工厂老板臧宇、孙大大、小镇店主赵大姐、超市沈老板相继到达平顶，首届工艺品推介会正式开启。

郑虎首个登场，带来了一件名为“终于等到你”的作品，旗开得胜收获 1 000 元。不过，易秋的木镯子和钱包遭到了众老板的质疑，老板们提问后纷纷沉默不语，意外流拍。刘志轩出来救场，表示出去后为易秋的“0 压力”钱包支付 1 000 元，多少避免了一点尴尬。

推介会上，之前有过嫌隙的赵大姐和沈老板相互抬价竞争，虽然使得推介会火药味十足。鹬蚌相争，渔翁得利，肖凡凡的冰灵彩灵手链、幸运豆荚等工艺品先后卖出 700 ～ 1 000 元的高价。

高峰手工制作紫水晶与黑曜石手串

田彬子手工制作白紫水晶手串

韦泽华的“一山一水”手镯拍出 9 800 元的天价

韦泽华的作品把推介会气氛推向了高潮。韦泽华设计制作的“一山一水”手镯灵感来源于平顶山，这对名为“一山一水”的手镯讲述的是一个凄美的爱情故事，山和水蕴含了“我会爱你到海枯石烂”的寓意。韦泽华称每一个手艺人在创作作品时投入了自己无限的激情，这对手镯和即将到来的七夕情人节十分应景。赵大姐、沈老板争相喊出高价，价格从 999 元起直线上升，最终以高达 9 800 元的价格和沈老板成交。一天下来，平顶居民通过推介会获得 15 445 元的丰厚收入，加上之前的资金，累计资产将近 2 万元。

居民们的运气越来越好，9 月 24 日，有个做箱包的老板自称是《我们 15 个》节目的铁杆粉丝，他来到了平顶，希望自己的产品能够融入平顶特色，体现一定的纪念价值。居民对箱包老板的提议表示赞同，仔细询问详细合作方式。老板希望居民在箱包上进行设计，要求图案须是平顶之上的风景或者有标志性特征的居民特写，倾向于构图简单的素描，但是也不会过多影响大家的创作。

崔益祥设计限量纯手工迷你版“我们 15 个”套箱

谈到双方合作的细节时，韦泽华和吕日阳出现分歧。韦泽华觉得细节的问题可以忽略，框架太多没意义；吕日阳认为必须保护产权，把话说到台面上，要签订合同，第一次说的细一点，以后摩擦就会少一点。居民反复确定双方的合作方式、价钱、交稿日期等，最后达成共识：根据销售分成，收取 3 000 元一次的最低标准设计费。

丘子健提议发行平顶居民公仔以探索赚钱新渠道，称居民公仔在设计时加入平顶元素，如牛棚、谷仓、大池塘、居民箱子，慢慢把平顶拼起来变成一个背景，这样收藏价值就更高，更多人会对此感兴趣。

田彬子的“爱系列”谷仓花盆

10 月 7 日，与訾鹏约好来写生的画院老师一行来到平顶，这些画院老师一到平顶，就被居民们的手工震撼了。

有个老师饶有兴致地看着正全神贯注刺绣的花姨，惊叹地问：“你这个……以前专业学过的吗？”

花姨答道：“没有专业学过，只是小时候学的。”

看大家纷纷围观与挑选着自己心仪的东西，訾鹏变身成“托”，和卖主张丽维唱起了双簧。訾鹏说：“这个似乎更精致一点。”“这件 380 元。”“不过，你可以跟我们讨价还价的。”

一句“跟我们讨价还价”，暴露了訾鹏的真实身份，大家都笑了。然后，老师们兴致勃勃地砍起价来。

看摊的张丽维招架不住，大声求援：“宋姐，来一下哦。”宋鸽走了过来，挑好手镯的那位老师微笑着说：“380 元有点贵，我们总要砍一砍才像样子，这样，300 好了，省掉 80。”然后他又补充了一句，“我也知道你们很辛苦的。”

宋鸽为难地说：“这个折扣有点大吧？”老师说：“300 块钱你们也不吃亏，就是少赚一点。”宋鸽说：“你要是多买的话，我可以给你打点折。”

▶魏敏、张丽维手工制作绣花鞋手串

这些手工艺品让画家们一时忘了自己来平顶的目的，他们一再地为居民们的巧手掏着腰包。同时也能看出，居民们对如何推销自己的作品也越来越熟练了。

10 月 15 日是平顶嘉年华的剪纸交流日，剪纸大师们来平顶展示作品并手把手教居民剪纸，向居民介绍剪纸艺术的来源和发展历程。桐庐的剪纸文化源远流长，剪纸艺人带来了十米长的剪纸，大家眼都看直了，韦泽华惊呼：“这些作品颠覆了好多人对剪纸的印象！”

当地的剪纸协会送来了两幅作品。剪纸艺人拿出设计好的“我们 15 个”剪纸画，教大家一起剪“我们 15 个”LOGO。

第二天，当地的手工艺人进入，为居民们带来当地的绣花鞋、瓦雕和书法作品。

彬子一学就会，众人望着他的作品都不由惊羡：“彬子，你除了不会写字，其他方面竟然是全能啊！”

在晚例会上，韦泽华、吕日阳、彬子展示了要售卖的剪纸、书法、瓦雕、绣花鞋以及这些物件的价格。

彬子设计制作的悟空系列牛仔双肩包

訾鹏设计的“滚独自”卫衣

除了居民们的手工艺品，訾鹏设计的限量版“滚独自”卫衣给大家留下了深刻印象。11月4日，彬子第一次穿起訾鹏设计的“滚独自”卫衣，一出来便引得居民调侃不断。宋鸽笑称：“完了，彬大师又要进军时尚界了。”訾鹏笑问：“你这是要把丁丁挤走吗？”

随着这几天平顶的订单越来越多，居民们都在忙着制作手工艺品为平顶创收。韦泽华专注地做飞机、刻瓦雕。而彬子总是可以变废为宝，化腐朽为神奇，几块木头都能变成艺术品！

彬子称自己卖的是理念，精细的不做，要做就要高产！太耗时的不做，产出比较快的才有意思！韦泽华则放言：“我不随便做，要做就要做得牛牛的！”此外，范梭做的手工皂、包包都不够卖了。明叔捏出了可爱的泥塑，连郑虎都开始离开厨房学做钱包。

“滚独自”卫衣是限量版，因为有人临时加订一件，訾鹏只好建议任欣宇穿自己的那件，他笑称：“我本来想自己留着，但是我不能亏待了你啊！”訾鹏直言如果大家都喜欢穿，他不穿都无所谓。虽然这款“滚独自”卫衣畅销，但訾鹏决定不再多做，就限量111件。

⑤《胖胖厨房》打造平顶特色菜

在平顶的三百多个日夜，郑虎做得最多的事情就是做饭，从一开始的一无所有到后来的衣食无忧，是所有在平顶生活过的居民共同努力的结果。在这将近一年的做饭生涯中，郑虎感受到了大家对他的理解和帮助，大家会积极地给他提出意见和建议，对于平顶的饮食，从仙人掌夜宴到《胖胖厨房》的演化，郑虎谈起来可谓百感交集：

来到平顶使我得到了很好的成长，也学会了很多，不仅仅是在做饭上，这么久的厨房生活让我感受最深的就是一种责任，我也经常会问自己是什么让我能坚持做这件事情，做饭就像我在平顶生活中的一部分，潜移默化地改变着我的生活。从来到平顶的第二天我就承担起了做饭的任务，当时我发现自己没有什么能为大家做的，只有做饭，所以一开始自己也没有想到这样一做就是300多天。在厨房的时光还是很开心的，这中间也有很多事情发生，让我记忆深刻的还是刚开始的时候……

我们的生活渐渐地好了起来，在饭菜上也丰富了起来，当时的居民就说你可以把你会做的菜和大家一起分享，就这样《胖胖厨房》诞生了，一开始每周做三期，基本都是我们有什么就做什么，也没有精致的装盘和食材，但觉得这种分享很快乐。

做了几周后，也有居民提意见说可以一周做一期，把这一期做得精致也很好，我想也是，这样既可以准备充分，也能让我的分享更有意义。《胖胖厨房》带给我的感受是很有成就感，能够把自己会做的菜品和大家一起分享也是我做这个自制节目的初衷，把家常菜简单化，也会让大家对做饭产生更加浓厚的兴趣。

《胖胖厨房》到后来也有了冠名厂商，为平顶带来了电暖气和热水器，我们再也不用为洗澡和热水发愁了。

郑虎的《胖胖厨房》引起了观众的热烈响应

2016年5月21日，我将要在平顶举办一场自己的音乐会，这是一场我没有尝试过的多种风格融合的音乐会。我想在这场音乐会当中让大家感受到我在演唱中的不同风格，这是一种新的尝试，我希望这种尝试可以获得成功。在平顶，我的梦想是减肥，我要唱歌，我要在歌声中减肥，"一年后我要用手摸到我的肚脐眼"——这是我来到平顶第一次对自己说的。唱歌是我一生要去追求的梦想，我想用我的全部来努力实现这个梦想。

在平顶的经历让我感受到了很多在平凡生活中没有感受过的情感，这些情感让我伤痛，让我感动，让我成长，但最后我相信这些都是好的，因为我收获了很多朋友。这些朋友都在我的生命中变成了像家人一样的存在，他们带给我不一样的体验。我是一个没有很多经历的人，但是唱歌的情感也是来自于生活的，经历会让人对歌曲有更加深入的理解。我一直用自己想象中的美好去歌唱，但是这样的歌唱会让自己感觉缺少一些对歌曲更深层次的理解。

在平顶的生活经历让我感受到了生活的千姿百态，丰富的生活让我对社会有了更多认识，也让我对唱歌有了不一样的理解和认识。在感悟中成长和提高，我想通过这场音乐（会）让大家和我自己一起来见证我的成长，这也是我举办这场音乐会的目的。

关于义哥对我的看法和指责，我是这样理解的：我并没有觉得做饭是道德绑架，而且没有人会因为（我）做饭而不投他票，投票是每个居民的权利，而且每个人的标准也不同。我从没说过厨房就是我一个人可以待的地方，我没有觉得自己做饭有多好吃，我也有不会做和做不好的时候，只是我一直在尽自己最大的努力去做，而且希望能够做好。

从那晚的热议栏之后我就提出了不再做饭，这也是我内心做出的回应。既然提出了我做饭不好吃，那我也不应该继续做下去，这样也可以让大家都来做饭，毕竟生活在集体之中，如果有需要我还是会参与做饭，但我不会主动提出做饭了。

这件事情之后很多居民也都对我说:你可以从好的方面想这件事情，你不做饭可以好好准备音乐会，也可以做其他的事情，你也做了这么久的饭，让自己休息休息。回头想想这样也是对的，每个人做的事情都不可能所有人都认同，就像我也有不理解别人的时候一样。

对于朋友之间的相互关心和照顾被理解为小团体和抱大腿行为，这样的指责我是不能认同的，朋友之间的友谊可以是多种情感和方式的表达，而每个人对朋友的理解又不同，我觉得只要没有影响到他人就可以。平顶的朋友都已经变成了家人存在于我的生命之中，我也希望能够带着这份珍贵的友谊继续生活。

在这个集体中，我一直以来都是以自己能做什么就去做什么的方式来生活，我并没有觉得自己是一个多么重要和不可替代的人，只是用心地在这里生活。很多人都说这只是个节目，没必要认真，但在这里我收获了平顶之外没有过的朋友，也让我对朋友有更深刻的认识，这也是我能在这里一直生活下去的动力。

说是离开厨房，但心里还是放心不下，并不是留恋做饭，而是担心不擅长做饭的居民能不能把握做饭的一些注意事项和大家的口味，在他们遇到不会做的菜时我会主动去帮忙，因为我了解和理解在平顶做这么多人饭菜的辛苦和不易。

不做饭后我在平顶的生活并没有很闲，反而变得忙碌了，我也希望自己能够尝试更多自己没有做过的事情，在平顶有做不完的事，只要你想做。我只想做一个简单快乐的人，不希望去想过于复杂的事情。因为在这里我发现自己的思维能力很单一，遇到问题首先会寻求身边朋友的帮助，但我发现自己终究会面对要解决的问题，我也尝试让自己去解决一些问题，虽然都不是什么大问题，但我还是有很多收获。

郑虎在认真地阅读网友来信

说到平顶的特色菜，首先要说的一定是土豆丝和海带丝，这两道菜曾经是平顶很长一段时间的主菜，因为他们便宜和耐储存，来过平顶的居民对这两道菜想必也是印象深刻，但时期不同，对这两道菜的感受也会有所不同。在后期生活变好之后出现频率较高的菜是凉拌包菜、鱿鱼丝、肉酱、回锅土豆片、炖鱼、红烧荷包蛋、菜饭、泡菜等，这些菜都是在平顶做饭后融合之前的做饭经验、再加上新的创意做出来的，有别于常规的做法，但每道菜都是我们不同时期的记忆和代表，相信在平顶生活过的居民也都有深刻的感受。

总之，平顶的生活是一场很奇妙的旅行，我相信在未来的生活中回忆起来都是能让自己有感受的画面，感谢一直陪伴的朋友，我相信生活都是美好的，未来也是美好的。

四

绝不辜负大自然的馈赠

① 一石一路一亭，平顶万物皆为景

来到平顶的居民都是普通人当中不普通的人，他们有的是奇思妙想，有的是点子和方法。在他们智慧的大脑和灵巧的双手创造下，这片原始土地上的一砖一瓦都能成为一道独特的风景。

2015年9月20日，在把树根做成根雕后，訾鹏发现了一个新玩意：一块大石头。訾鹏提议："我们可以挖个坑把它埋起来，刻个字，刷上红漆，也是个不错的小石景。"吐槽王吴春飞一反常态地表示支持，并提议在石

头上题词“平顶石敢当”。“这个主意不错！敢当！”大家齐声附和，最后决定让画家来写生的时候在上面题“敢当”二字。一个新的景点就这样诞生了，寓意“每个人都来平顶敢当一把”。

平顶石敢当

平顶上的碎石小路

平顶之上，有一条看起来有些艺术的碎石小路，从开始到最后，这条碎石路共修了三次。刚开始来的时候，因为平顶总是下雨，这条通往厕所的小路很泥泞，丘子健、张婷媗等几个开始搬石头铺小路，被居民们称为二三小路（搬石头可以锻炼肱二头肌和肱三头肌）。经过两次修整，这条小路在 11 月份被铺上了碎石子，成为了一条有点艺术特色的碎石小路，也成为了平顶之上的一道风景。

居民们来到平顶之后，很快发现了一个好地方，从这个地方放眼望去，富春江的美景尽收眼底，于是，居民们决定在这里建一个小亭子，叫望江亭。

早在 8 月 18 日，韦泽华就跟高峰提出了搭建望江亭的想法，设想望江亭搭建 2 至 3 层，上面再建一个露天的晾台，望江亭做成钢、玻璃和水泥结构，其中有一层是手工区，供居民们制作与展示手工艺术品。

进入 12 月份，程炎恩开始搭建望江亭，框架搭好了，但是看上去好像不太牢固，花姨吐槽说看起来像杜甫《茅屋为秋风所破歌》中的茅草屋。郑虎也担心程炎恩的望江亭不安全，觉得程炎恩用的铁丝太细了。

最初程炎恩搭建的望江亭

后来经过改造的望江亭

程炎恩版“望江亭”搭好了，房顶是用塑料布和茅草搭建成的，很不结实。有一天风雨大作，望江亭眼看就要坍塌了，程炎恩一个人冒雨修补了有坍塌危险的望江亭。

12 月 28 日，程炎恩已经离开了平顶，设计师吕鲲鹏以闯入者身份来到平顶，他入驻第二天就带领韦泽华、訾鹏一起劈竹子，准备把望江亭原来用熟料和稻草搭建成的房顶改造成竹顶。彬子不满吕鲲鹏改造程炎恩的望江亭，韦泽华安抚：“炎恩的目标就是把小屋盖起来，炎恩都走了，理论上讲，我们同意就好了，别把一件挺好的事儿又搞出不愉快来好不好。”

很快，望江亭的房顶已经搭好一半，彼得站在屋顶远眺，富春江近在眼前。韦泽华说：“这边再起一个更高的，那就都能看到了！”彼得大力支持，说这是自己的梦想。韦泽华说，这也是峰姐的梦想，大家一起实现吧。

12 月 31 日，彬子和韦泽华一起进一步改造望江亭。有了设计师吕鲲鹏的把控，望江亭看起来有了那么一点味道。

几个月后，2016 年 3 月 14 日的晚例会上，重返平顶的居民郭道辉建议，把炎恩小屋建成风车小屋，但遭到郑义的强烈反对。郑义认为，那里是平顶最好的一块地方，现有的建筑完全配不上那块地方，必须拆除。他的建议又遭到韦泽华的强烈反对，于是二人出现争执。

第二天，程炎恩就来信支持郑义拆除小屋。

望江亭就这样没有了。在接下来的日子里，它还会重新修建起来吗？或者变成另外一个景点？

作为平顶的外部景观，当然不能不提“花姨”魏敏全力打造的花园。花姨在回顾这段岁月时，专门撰文讲述了打造平顶花园的心路历程：

> 我不知道现在这个样子算不算是花园了。因为还有 N 多的花儿还没开呢，而有的地方也没披上绿衣裳。
>
> 从走进大门到现在，不论多少人、多少次问我的梦想，我的回答是，我的梦想一直没变过，就是想让平顶开满花儿，让谷仓外挂满花儿。
>
> 从去年进平顶到现在，历经 9 个多月，280 天，花园的样子在渐渐呈现，而个中艰辛不是几个字能体现的。
>
> 每一块土地的开垦，从割草、挖根、翻地、平整、播种、浇水、施肥，每一块小花田、花地、花坛、花条的形成，每一块石头的选择、搬运、雕砌，都历经无数个过往居民（的劳动），洒下了大家辛勤的汗水。当然，最辛苦的肯定是我，每天日出而作，日落而归，出工时间都在 8 小时以上，没节假日，没休息日，整天面朝黄土背朝天，颈椎、腰椎受损严重……

平顶花园凝聚着许多人的辛勤劳动

然而，我无怨无悔，因为喜欢，因为爱上了园艺。

回顾过去的9个多月。

首先，种子的选择是正确的。彼时，我带进来的天人菊、鲁冰花、冰岛虞美人、旱荷花、金玉花等，此时正开得欢畅。因为前几年种过这些花儿，知道它们的花色和高度。大面积的花园，只有草花才能出彩，而木本植物是我所向往和期盼的。

其次，每个花块随地形而造，当每块地的花儿都开花时，所营造的效果看似凌乱，却有着不一样的美丽。

再次，对土壤的改良。园子周围松树下的腐殖土几乎都被我们掏空。我们没条件对泥土进行全面改良，至少在种子覆土部分用上了草木灰和腐殖土。凡是来过平顶的网友都知道平顶土壤的板结程度，有的网友还用手摸过、捏过……如果我们没有做这道工序，连苗都育不出来。

最后是对花的管理。

初见规模的花园大棚

通过镜头，大家已经看到，我是怎样去照顾这些花儿的，几个月来一直没让它们饿着、渴着，它们才给了我们一张笑脸。再冷再热的天我也不会丢下它们不管，要让它们每天都吃饱喝足了我才放心。如果少了这一环节，花儿会死给你看，到时连哭都来不及。这就是为什么有人说养花儿跟养人一样，要细心照料，它们才能开出一朵朵美丽的花儿。

翻开已经写完的两本日记，以流水账记录下自己每天都干些什么，种了什么花儿，可以说每天的辛苦都在里边。

总之，平顶园艺方面的变化，每一处都用尽了心思，包括谷仓楼下的网格，每一个地块，每一块石头，每一块砖都是亲手打造，苦是苦，也乐在其中。

有人说，园艺是一种最美好的生活方式。我喜欢这样的生活方式，梦想自己有一个中国的“四季花园”，梦想自己终有一天会成为中国式的塔莎奶奶。有梦想就有动力，相信自己，没错的。

② 历时 157 天，一间厕所的观察报告

从居民们第一天入驻平顶搭建的简易厕所开始，平顶的厕所经过了三次改造。最后，在众人的努力下，建造出了史上最具艺术性的厕所。

2015 年 8 月 31 日，平顶第 70 天。

自从建造师高峰进入平顶以来，平顶的基建工作进展飞速。今天一辆大货车两次来到平顶，建材老板送来了黄沙、水泥、砖块、水槽、水管和大镜子等东西。基本建材已经就位，新的卫生间将会是平顶上第一个建筑工程，舒适的生活看来不远了。

但是随后因为这个“平顶第一建筑工程”，韦泽华、彬子、高峰之间你来我往，经常有不同意见。有时把高峰逼急了，她的老总脾气就会发作：“反正我只告诉你们标准的化粪池怎么做，至于你们想做成什么样那是你们的事，我都 OK，你们自己去弄，不要说是我做的，我出去还要开公司还要靠这个吃饭。”

类似的情况造成厕所修建时断时续，进展缓慢。

10 月 9 日，为了早日建成厕所，韦泽华、彬子在高峰的指导下早早开工，但彬子却如往常一样，觉得高峰是瞎指挥，吴春飞好意过来劝导，却也因为理念不一样与高峰发生争执，这时彬子倒成了和事佬，拍着手掌打断二人的争执。

一周后，厕所墙体矗起，韦泽华和彬子商量搭建厕所顶部，高峰请吴春飞来帮忙。老吴看了看，说你们没有垒好砖就放坐便器，我提意见也不听，所以不想插手了。高峰过来跟彬子、韦泽华商量怎么弄，彬子表示赞同高峰的建筑理念：“你是领导，都听你的！”对于彬子态度的转变，高峰很是吃惊：“你的转变怎么这么大？”彬子回答：“好的东西必须要学嘛！”彬子不按常理出牌的风格，给大家带来了意想不到的惊喜。

▶ 大家为了建成一个现代化的厕所集思广益

但彬子的性情是多变的，后来又因为他的“捣乱”，直到 11 月 3 日卫生间的建筑仍是烂尾工程。高峰很不开心：“彬子，你把我的梦想祸害成这样，你内疚吗？”彬子无言以对。

“如果我这个月当炮灰被投走了，你拿什么弥补我的梦想？”高峰步步逼问。

正在吃饭的彬子无力招架，低头认错：“我祸害了你的梦想是我的错，以后我会想办法把它弥补回来。”高峰则表示自己一定会把厕所建好，希望彬子以后不要再捣乱。

烂尾厕所在高峰的坚持下终于动工了，吴春飞带着韦泽华、訾鹏商量补救方法。不一会儿，明叔也加入进来。韦泽华打趣道：“听两位大哥的，我们负责捣乱就行了。”就这样，吴春飞砌墙，韦泽华和訾鹏在一旁学习。看到画家和艺术家都变身成泥水匠搭建厕所，花姨感叹：“在平顶的人，既是木匠又是泥水匠。”

11 月 18 日，建筑达人崔益祥入住平顶后，明叔和高峰带崔益祥参观平顶，路过正在建设的厕所，明叔笑称这是网友的热门话题。崔益祥建议尽快把厕所建好，并从专业角度提出建议：“厕所外墙全部粉刷，不然太难看，厕所不需要做木门，定做铁皮门或者在外面砌一堵墙……厕所的排水沟偏低了一点。”并提出厕所的事他全权负责了。

看到訾鹏和吕日阳正在厕所忙活，崔益祥让两人休息一会儿，称赞：“有你们这帮年轻人，什么都能干出来！”訾鹏打趣这句话有两种理解法，惹得大家一阵爆笑。

崔益祥强调这里是一个大家庭，无论干什么活都要开开心心一起干，并感叹厕所是一个庞大的工程。

高峰听了触动心事，笑称过程太曲折，都是故事情节。

又过了一周，历时 150 多天，平顶大厕所终于竣工！居民根据厕所外形取了个很形象的名字“歪歪爽”。彬子张灯结彩，打算举办剪彩仪式。

平顶举行“歪歪爽”厕所剪彩仪式

彬子、吕日阳从中午就开始为厕所剪彩做准备，彬子吹气球装饰厕所，吕日阳写条幅贺词，之后两人一一接待“来宾”。看到庆贺条幅上写的“韦氏外太空研究中心”“彬大师教科文组织”“鸽子心理学研究中心”“丁丁国际大模特俱乐部”“维维环球演艺中心”“梭梭全球奢侈品集团”等名称，宋鸽不禁感叹：“都很高大上！”而写有“王思聪携全国老婆祝平顶厕所人气爆棚”的条幅更是让这个厕所有了“身价”。

彬子作为主持人，感谢腾讯视频对平顶大厕所“上市”的全程直播，高峰应邀讲话笑说：“我发现其实我是赞助商。”韦泽华讲解设计理念时开始“一本正经地胡说八道”：“我很难夸它……外表看起来是砖，其实里面是24K金，钻石碾压成末掺进水泥里，所以平顶是不夜城，顶棚材料来自距离地球四万多光年的一个小行星。”并介绍这个厕所四天就砌起来了，但化粪池挖了四个月，其中暗藏玄机。

訾鹏手绘图案后的艺术厕所

张丽维作为“演唱嘉宾”为厕所献唱《梦想的力量》，韦泽华笑称：“在这里唱特别有味道。”之后15个居民合唱《平顶之上》，并敲钟、剪彩、放兔子、开香槟、踩气球，一起庆祝厕所竣工！这也成为史上第一个网络全程直播的厕所落成剪彩仪式。

2016年3月11日，追求完美的郑义入住平顶之后，直言厕所太丑，开始带领大家动手改造，画家訾鹏为厕所外墙手绘了图画。

众人一阵忙活后，厕所果然大变样，充满了活泼和青春的气息，平顶第一个真正的艺术建筑物诞生了！

③ 大山深处有树屋：平顶最牛建筑

在平顶的外部建筑中，除了荷花池、菜园和花圃之外，最有特色的当属崔益祥的树屋了。说到树屋的建造初衷和过程，崔益祥深有感触：

常听人说，我想有一所房子，面朝大海，春暖花开。而我想说，如果在大山深处有一所房子，那才是再好不过。

在大都市生活久了，逐渐厌倦每天车水马龙、快节奏的生活，向往一种逃离大都市的慢生活。热爱旅行的我时常在路上，行走在山水之间，寻找内心真正想要的那份宁静，或者说，我是在寻找属于自己的“世外桃源”。

每个人心中都有一个“世外桃源”，而我，来到平顶就是想建设“世外桃源”。

在平顶建造树屋，是偶然也是必然。记得在我到达平顶的第一天，看到谷仓旁边的四棵松树，突发奇想：如果在这个地方建一个树屋是多么牛的事情啊！所以从那个时候开始，我就在心里琢磨如何设计、如何建设。而它的必然性在于，想在平顶这个地方建造树屋是除了我之外其他居民也拥有的美好愿望。因为当我跟韦泽华谈及树屋的设想时，他表示也正有此意。

泽华是理想主义者，他心目中的树屋是科技化的，外观要蛋形、室内要有旋转楼梯……然而，他对树屋的构想很难实现；我是现实主义者，既然是来平顶搞建设，那么树屋一定是自己能够建设完成的。所以在平顶之上，虽说我和泽华两个都有建造树屋的想法，但是就树屋的形式和理念，我没法与他达成一致！于是我想自己慢慢赚钱，一定要通过自己的双手建造出我心中的那个树屋。

在平顶挣钱并非易事。我首先想到的是众筹，5 000 元一股，由 4 ~ 5 人认领，这样就能获得 25 000 元左右的建设资金，这几个股东可以在树屋建成之后免费入住一天，其余创收的利润将与股东分红。但是我的这一想法并未得到有关部门的批准！于是我用自己擅长的木工手艺做了些化妆箱在网络售卖，前前后后卖了 10 多个，挣了一万元左右，但是建设资金远远不够。

后来真正推动树屋的进程，使它从一个美好的愿望变成现实，不得不提两个人的到来！

首先是荷兰的保罗先生，当他造访平顶时，和我一起观察树木情况，建议我不要在四棵松树上扎铁丝、打洋钉，以免破坏树木、对树屋未来的稳定度造成影响。因为保罗有建造树屋的经验，他的建议和鼓励使我对树屋的建成更有信心。

另一个是当时新进的平顶居民郑义大哥，他带来了蜜蜡，为平顶创造了四万多元的收益，我的树屋理念得到了他的支持！“想干就干，我这儿有钱！”有了义哥的这句话，我的树屋计划开始正式启动。

在镜头前征集树屋的设计方案，专业的建筑设计师刘江夫妇来信说他们之前建过树屋，想参与到树屋的建设当中。他们的支持对于我来说更是一种鼓励！刘江夫妇专程来到平顶，和我们一起商讨树屋设计，并带来了手绘设计图。他们告诉我说 4 天就能完成树屋建设，我很惊讶，也很兴奋。

没有过多的交流沟通，刘江夫妇来平顶的第二天就开始按照他们的设计来做。可在挖地基的时候发现，他们设计的规模过于庞大，需

要很大的资金支持，人力也得增加，这对于当时的平顶来说有很大风险和压力。当天晚上，经过我跟刘江夫妇二人的商讨，决定缩小树屋面积，一楼的平台和卫生间保留了他们的设计，二楼按照我自己的想法来做。

之前预订的建材送到了，一共花费四万多元。天呐，四万多元，这对于当时经济并不宽裕的平顶来说，几乎是当时所有的可用资金，远远超出我的预算！我原本计划花费在两万五千元左右，压力好大。居民们表面上没说什么，但能感觉到他们的不满。我理解大家的心情，我主动在例会上跟大家道歉："由于我对材料预算的疏忽，一下子用了这么多资金，感到很内疚……"訾鹏、韦泽华等居民说，材料多下来都是平顶的，不要有太大压力。在平顶的困难时期，由于我的疏忽给居民的生活造成压力，但是并没有居民当面指责我，一方面我的内心很感动，另一方面更增加了我一定要把树屋建造成功的决心。

第二周的热议栏，面对网友的质疑，我又一次向网友解释和道歉。其实四万多的建材，不只包含了树屋的材料，还包括花姨想搭建的葡萄架、其他的爬藤植物等的用料。这次的事情也算给了我非常大的经验、教训，在资金短缺的时候，严格控制成本、分清项目的轻重缓急是非常重要的，而我忽略了这一点。反正买也买了，就干呗！用 3 天时间铺了平台、6 天建好框架、28 天全部完工。

听起来很轻松，但建设过程并不是一帆风顺。因为期间又追加了六千多元的建材，被彬子捉住不放。记得有一次我和他吵得很凶。他认为我是在用集体的钱做个人的事情，而我一方面因为他的不理解不支持而生气，另一方面因为自己的失误造成的建材追加而自责。我原本就是个不太会讲话的人，这次吵架过后，网络上又出现各种质疑。但是我顶着压力、憋着委屈，埋头搞建设。

不得不说，在树屋的建造过程中，彼得、焦阳、郭辉、訾鹏、徐晶宇等平顶居民的参与和帮助，加快了树屋的建成速度。我们大干 28 天，完成了心中理想的树屋，为平顶增添了亮丽的一景。平顶之上，一栋挑高 6.5 米的木制建筑拔地而起，掩映在松树林中，和谐至极。特别是新进平顶居民涂圆圆为树屋设计的天梯更为树屋增添了神秘色彩！站在二层的阳台，遥望富春江，俯瞰群山秀色，平顶全貌尽收眼底。室内 2 米×3 米的榻榻米拥有足够大的储物空间；榻榻米中间是 70 厘米见方的升降台，升起时，大家可以围坐在一起喝茶聊天，降下来就是一个超大型的床铺；独立的卫生间、24 小时热水、整体淋浴房、平顶唯一的抽水马桶，符合所有居住的高标准条件。

树屋建成了，网络上的风波一波未平一波又起。第一次热议栏，网友质问我树屋的建造成本如何“归还”？我表示将通过出售自己的手工作品以及树屋的居住权来创收，把建设成本挣回来。第二次热议栏，有网友问我，如果树屋居住一晚按 800 元计算，客人居住 50 天才有四万元的收入，也就是建造成本。我认为树屋是平顶的建设，并不是我一个人的，所以并不存在“归还”成本。我是为大家做事不是只为自己，如果我建树屋是为了自己，那么之前我做的谷仓内的柜子、屏风是不是都要让我归还建造成本呢？让我感动的是，好几位居民也为我讲话，认为网友的提问毫无道理，树屋是平顶的，并不是某一个人的。

还记得树屋刚刚建成，作家冯唐老师来平顶录制节目，我邀请他到树屋参观，他给予树屋很高的评价。得知大家正在为树屋起名字的时候，冯唐老师出于他的职业本能，脱口而出“呻吟阁”，并当场挥墨写下横匾，由訾鹏雕刻而成。

至此，我开始真正策划树屋的使用价值，为平顶创收。第一次居住初夜权以 880 元的底价拍卖，最终以 7 000 元的价格被史亮夫妇拍下。夫妻二人从大连远道而来，入住当晚，在史亮的委托下，我们居民为他们策划了一场非常浪漫温馨的求婚仪式，弥补了他十年来一直未完成的心愿，感动了平顶的居民和无数网友，更是令史亮的妻子热泪盈眶、终生难忘。五一黄金周，我组织树屋居住权的第二次拍卖，1 880 元起拍，以 1.3 万元的价格拍出了 4 天 3 夜的居住权。树屋的成本已收回一半，当然若想继续出租，它还会为平顶创造更多的经济价值！

很多人问我，什么是具有“平顶特色”的建筑？这真的很难定义。如果一定要给一个答案，我认为平顶特色的建筑应该是独有的，只有在平顶这样的特定环境下、利用特定的平顶资源才能完成的。就树屋来说，如果没有那四棵用来作为树屋支撑的“间距相同”的松树，而且位置与居民们居住的谷仓平行，那么，就不可能建造成如今的这个树屋。换句话说，我建造的这个树屋是无法复制的，它是唯一的。

我有一个小小的心愿，6 月份，我将邀请平顶的居民轮流到树屋居住，让他们享受有特色的树屋之夜。畅想一下，在树屋的露台上，泡一杯清茶、欣赏夜色中的平顶，回忆一下自己在平顶的点点滴滴，是多么美好的一夜呀。所以我认为，这树屋真的很牛！建成之后，它不仅能收回成本，而且可以让我们的居民享受到。这也是我非常引以为豪的。

如今的树屋是很多人眼中的“平顶最牛建筑”，究竟是不是最牛的，这其实并不重要。当初我建造树屋，只是因为喜欢平顶这个世外桃源般的地方，梦想在大山深处、山水之间，创建一个能让大多数人寻找到的那份宁静！

④ 一叶荷花，满塘年华

从望江亭往下是一片湿地，从最初到现在，居民们先后在这里挖了三个荷花池，三个荷花池是相通的。在韦泽华到来不久，他就有意发起一个“荷花池项目”，并且希望荷花池不只是一个景点，更应该将文化的元素加入进去。这个项目日后逐渐成形、成熟，被称为《一叶荷花，满塘年华》项目。

对于《一叶荷花，满塘年华》项目的启动与推动过程，韦泽华是最有发言权的。在我们计划出版本书时，他应邀专门撰文写道：

荷花池项目从2015年9月份就开始规划，最开始的规划建议来自于花姨一句不经意的话：“那片湿地挺湿的，可以用来做湿地类的事情，比如种一些荷花。”于是，荷花池被列入到计划中。

在计划列出后，整体项目就开始推进，但是当时平顶人手极为有限，“花田月色”区域相对来说更加需要赶进度，因此分配了较多劳力，“陨星奇境”则只有我带头，主力军碧莹以及峰姐、宋鸽、丘子健、Kimmy等多是白天需要忙各种劳作，只有晚间有时间参与到荷花池坑的挖掘。这时候挖掘的部分就是后来看到的荷花池一号坑。大家在当时的环境下，无法动用外界资源的条件下，完成了大约四分之一的一号池挖掘工作。

新的平顶居民所带来的剧变以及较重的工作任务，终于很大程度上带来了对这个区域必要性的探讨，最后没有进一步将荷花池的计划进行下去，项目在第一阶段搁浅。

平顶荷花池远眺

随后的工作重点转移到了“拳赛·音乐节”的筹备当中，在邹市明到来后，机缘巧合下发起了小飞机项目，是众筹项目的第一个小型案例，但在这个时候便埋下了可以进行项目众筹的思想……（此处有省略——编者注）

再往后，一切按部就班地进行着，直到3月份，由于清明是荷花种植的重要时节，而荷花池区域的整体内容也着实无其他平顶居民再有力量顾及，如果不上，势必是一大烂尾工程，导致过往的汗水与努力白费。

此时，我不得不重新整理思路，希望将荷花池的项目推动下去，其实同时还有多个项目都在构想中，但只能是荷花池项目先行一步。

我希望荷花池的项目可以成为平顶上的一个优质项目，并充分表现其匠心与我们做事的决心，而不希望只是将这个项目随意完成（这和我之前做的所有事情的思路是一致的，宁缺毋滥）。如果可能的话，希望这个项目可以带动大家的积极性，在一个优质项目产生后，使大家更为团结，并最终将平顶打造成一个真正舒适、宜居且让人向往的地方。

平顶当时面临的最大问题有两个：人力与财力。我们没有人干活，大家都处于疲惫的状态，我们也没有充分的资金支持，平顶的收入依然不支持我们有大笔建设资金。所以，众筹人、众筹建设资金的想法再次出现了。

抱着认真的态度，《一叶荷花，满塘年华》项目开启了。

本次众筹非常成功，我们在项目发起的第二天便获得了9.8万元的整体收入，成为平顶史上最大的一笔建设资金，随后的累积总收入应该超过15万元，而且可以更高（但是平顶发展时间有限，筹集到更多的资金也无法用于建设，所以暂停了后面的筹资计划）。

虽然筹资与筹集人力的部分非常顺利，荷花三号池的挖掘主要也是依靠志愿者与外部工人完成（一号池完全靠居民，二号池靠工人，三号池靠志愿者，这是当时的思路），但是将这个项目作为这个阶段的优质项目，并且使大家的建设项目发展为更加精致与主题化的目标并未达成。因为随后义哥的4.5万元蜜蜡款，鹏哥的13.14万元《玉猴》款项也陆续出现，平顶人力分配到了其他大量的建设项目中。

也因此，荷花池的项目进展比预计缓慢一些，主要的劳动力是韦泽华、郑虎、郭道辉与后期参与一号池湖中岛打桩的彼得，当然还有勤劳的花姨为湖中岛种上了美丽的花。而大量居民在一次集体挖掘后再没有大范围地参与到荷花池的计划中，这是我在项目上需要反思并且使我非常失落的地方。

网友积极协助挖掘荷花池工程

在今天之后，荷花池的基建工作应该全部完成了，包括荷花池的挖掘、栈道的搭建、水生植物的种植。其实荷花池的环境营造只是整体项目中的第一部分，在其中加入少量却精致的人文元素是我下一步工作的重点，建造一栋能源自给自足的小木屋（太阳能、风能、水循环利用）是我非常想做的一件事情，但是苦于时间与精力的关系，我可能不会再进行这一步了。荷花池文化相关的周边产品目前有徽章、荷花池主题衬衫、荷花池风铃（700 个风铃的风铃海，多少也算完成过往居民的梦想，也是给广大支持荷花池的网友一个念想），后期的明信片也会酌情推出，不做强求。而其科普教育意义以及深远的公益价值也可能无时间与力量去实现了。这也是让我遗憾的地方，我们确实本可以做得更好且更具有社会价值，但是由于我的力量不足，多少让很多朋友们失望了。

关于粉丝的帮助，主要集中在以下几个方面：

A：资金上的帮助。筹集到的资金是粉丝们的一片心意，有很多粉丝朋友都是倾囊相助，让我真的感动到羞愧，如果没有这些资金，今天的荷花池项目就无法开展，也不会形成如今的荷花池局面。

B：劳力上的帮助。谁都没想到在志愿者的帮助下，两天就完成了荷花池三号坑的挖掘。

C：智力上的帮助。集思广益，来自上海的老师们多次开会，共同设计了荷花池的整体景观布局，细节的地方全部经过大量的探讨后一步步实现完成。

D：外界联络。包括荷花池的风铃计划都是由外界的粉丝联络完成的，其中的艰辛相信大家都能感受到，虽然看起来都是很小的事情，但是其中的付出，我真的能感受到。

E：精神鼓舞。这个是对于我个人而言的，我在平顶之上的压力有时候很大，而粉丝们的鼓舞与支持很大程度上使我更加坚强，也更有力量去面对很多当下的事情。

我们希望每一位喜爱荷花、喜爱自然的朋友们，都可以参与到这样一个小小的计划中来，也许您在城市里生活已久，也许您也看过外面世界之大、景色之美，但您未必真正加入过一处自然美景的打造，未必真正体会到自然与自身的关系。

⑤ 牛、鸡、鸭、鹅不只为养殖，还担当“颜值”

从谷仓出来，眼前是一块被简陋的木栅栏围起来的牧场，其北侧有牛棚和鸡舍，还有大小两处池塘。15 个居民最初来到平顶时，破旧的牛棚、鸡舍，像废弃了很久的样子，这里生活着两头牛和十几只鸡。后来，平顶相继迎来了鸭、鹅、羊，新居民涂圆圆带来了一只大公鸡，为鸡舍增添了一位男性成员，母鸡们也很争气，孵出的小鸡萌化了居民和网友的心。

每天都有居民往来于谷仓和牛棚之间，都是因为平顶的另两位居民——“奶汐”和“牛鸽”（取自刘洛汐和宋鸽），它们的吃喝拉撒和喜怒哀乐牵动了许多居民和网友的心。而牛棚作为奶牛的起居室，自然而然地成为除谷仓之外曝光率最高的地方。从首发的刘洛汐、宋鸽到后来的 Lily 姐、崔楠，牛棚先后迎来送往了好多新旧居民。

牛棚还是个产生故事的地方，平顶的许多事都发生在这里。

李晓明素描“平顶风光”系列之·牛棚

奶汐是平顶之上生活时间最久的居民

居民刚上平顶的时候，刘洛汐主动承担起打理牛棚的任务。因为温度太高、牛棚环境不好，怀孕中的奶牛生病了，牛仔小哥不得不把它带出平顶医治，牛棚只剩下了孤零零的一头奶牛。

刘洛汐走后，牛棚一直没有固定的人照料。在 7 月 24 日的例会上，聂江伟决定由他和宋鸽两个人负责牛棚，他负责喂牛，宋鸽负责挤奶。没想到几天之后，聂江伟就离开了平顶，于是韦泽华接替了他的工作。

经过一段时间的调养，怀孕奶牛终于健康回归平顶，肚内的小牛也保住了。牛仔小哥送回后，反复叮嘱韦泽华和宋鸽："怀孕的牛需要特殊照顾，发霉的料千万不能给它吃。对奶牛一定要像对自己的亲人一样，因为你对它好，它的心情就会好，产奶量才会高。平时多喂点它喜欢吃的，比如它喜欢吃青草，就多扯点青草给它吃吃。如果你喂他次数多了，它一看到你就知道你要干什么，就会很开心。你们在这么艰苦的环境，如果把牛喂好了，你们也很厉害了！"

天气炎热，为了给奶牛一个更好、更舒适的环境，居民们再次进行了分工：宋鸽负责挤奶、按摩，张婷媗负责打扫卫生，韦泽华负责为奶牛搭凉棚。照顾奶牛是每天的必修课，郑虎决定对牛唱歌，他调侃："奶牛老兄的生活太幸福了，你们不要太惬意！"

原本荒芜一片的平顶，在 15 位居民的手中逐渐有了变化。进入平顶一个月后，当时聂江伟还在，他就开始实施养鸭计划，买回一批鸭苗，用遮阳布为小鸭子们搭起一个简易小鸭棚。肖凡凡主动承担起喂鸭子的任务。经过几天的相处，鸭子们已经听得出小主人的声音。"快过来，快过来！"肖凡凡一叫，可爱的小鸭全都摇着身子围到主人身边。

居民入住平顶的第 46 天，立秋了。一大早，居民们就忙活起来。张杰起床后到门口转了一圈，发现两只鸭子死了。他把这个消息带给了肖凡凡，还没来得及为死去的两只小鸭子伤心，肖凡凡发现又有一只小鸭子不对劲了。张杰叫人把消炎药磨成粉喂给小鸭吃，郑虎把求助纸条贴在墙上，看到消息的兽医给居民们带来了给鸭子治病的药粉，终于把小鸭子从生死线上救了回来。

鹅与鸭子在平顶和睦相处

鸭子的不幸让居民们意识到要更加关心动物。9 月 1 日，丘子健、韦泽华和张杰一起建起了鸭棚。这下，肖凡凡父母带来的那只大白鹅也有了家，每天都和这群鸭子们吃睡在一起。

谷仓门前有个不到一百平米的小池塘，虽然有点小，却是平顶上十几只鸭子和一只大白鹅的好去处，也让平顶之上的故事多了些许生命与灵性。每天郑虎喊开饭啦，从小池塘就会传来鸭子们“嘎嘎”的呼应声，而别人怎么喊都没有反应，实在是太可爱了。

李晓明素描平顶风光系列之·池塘

10月17日，牛棚换了新面孔，彬子给奶牛“奶汐”喂草，时不时抚摸两下，“奶汐”见到生人一直躲闪。宋鸽安慰彬子：“奶汐很聪明，过两天就认识你了。”原来居民们心疼怀孕的“奶汐”，提议男生多帮忙照顾，彬子觉得这是一份美差，所以，这天一早就上岗了。

张琍入住平顶后，自觉加入到照顾奶牛的队伍；她离开以后，牛棚又失去了固定的打理人手。这时，崔楠主动提出接替照顾奶牛的任务。

4月17日，郑虎进入平顶300天了，宋鸽秘密现身为郑虎庆祝。宋鸽是照顾奶牛时间最久的一位居民，和奶牛之间建立了深厚的感情。宋鸽走时，居民全都送到了大门口，当宋鸽和每位居民一一拥抱告别时，“奶汐”也默默地走到门口为宋鸽送别，居民们对此非常感动。

乌尼思带两只小羊入住平顶

4 月 22 日，蒙古族女孩乌尼思牵着两只羊进入平顶，被惊呆的不只是居民，还有那群鸭和鹅。张守望一看到这两只小羊，嘴巴张成了一个大大的 O，还兴奋地指着远处的鸭群说:“瞧，鸭子们都傻了，它们都疯了，心想这是什么呀！”而彼得和彬子则直接抱起两只小羊就走，想尽快把它们安顿下来。

没过几天，在彼得的照料下孵化的 15 枚鸡蛋有了动静。彼得提前把母鸡引开，把鸡蛋放进事先布置好的箱子里，用厚厚的被子蒙上。韦泽华忍不住好奇，时不时地掀开被子看两眼，听着蛋壳里有动静，猜想小鸡应该快要破壳而出了。果不其然，没多大工夫，一只小鸡率先敲破蛋壳,“叽叽叽”地跳了出来。

平顶之上的鸡、鸭、牛、鹅们不仅担负着养殖重任，为平顶增产创收，还时不时地跟居民们抢镜。它们的乖巧、可爱、通人性博得了众多网友的关注和喜爱，自觉地肩负起平顶之上的部分“颜值”担当。

《我们15个》是一个微型社区，其情境是对现实的简化和仿造，但它的运行规则与现实社会无异。通过这一年的平顶生活，居民们是否实现了自己加入这种人生试验的梦想？通过“窥视”平顶，媒体、网友及社会各界又得到了什么样的收获与启迪？而平顶365天的生活状态，又揭示出哪些现实社会中职场交际、管理、商业以及理想规划方面的普适原则呢？

下篇

那些收获：回忆总是美好，生活还在继续

一

有一种融合叫求同存异

① 在荒野中如何当好一位领导者[①]

如果地球上发生了一场大灾难，现代文明的物质基础与社会秩序被全面破坏，只剩下 15 个人与大自然的时候，作为人类的 15 个幸存者之一，该怎么办?

即便将这个条件放得更宽松一些，15 个人在一个原始而相对封闭的自然环境里，仅仅保有很少的公共资金，可以与外界交换一些必需品，但生活的时间长达一年，生活全部自理，听起来就够刺激了。生活自理不仅仅是男耕女织、盖房子和做饭，就是许多女生要面对大号以后厕纸耗尽的窘境，想到就觉得令人发指。

① 转自腾讯娱乐，作者:姚遥

我们15个
平凡之上

平顶原本是一片荒野

在《鲁滨孙漂流记》里，主角一个人带着足够的火器在物资丰富的小岛上也能勉强生存，他无畏于裸奔，也能偶尔通过失事船只补给必需品。《荒野求生》中开了挂的贝爷，更是现代兰博，一把匕首打天下。而眼前的荒山野岭中并不是15个鲁滨孙与贝爷，不是每个人都能把身边的动物顺手就抓起，然后生啖得津津有味，这是15个普普通通的男女老少。即便出了一个万里挑一的贝爷，而其余14个人都指着他去活捉猛兽回来烧烤，多么强健的雄鹰也扛不住这么多嗷嗷待哺的小嘴。而这根顶梁柱一旦坍塌，整个小社会就全体断粮了，这样的高风险社会难以维系一年。

强人靠不住，依靠“从我做起”实现世界大同更靠不住，实践中人的自私与懒惰将以搭便车的形式再现空想的灾难，把集体拉入万劫不复的深渊。

如何在平顶上达成集体繁荣的最终目标

为了达成集体的繁荣，这个人造部落不能群龙无首，回归弱肉强食的丛林法则。在这样一个小小的人造社会里，为了走向共同的生存与繁荣，而不是毁灭，领导者将脱颖而出。领导者推动建立公共规则，通过公共议事建立分工合作制度，扬长避短达到集体利益最大化，把每一个人的优点都变成对集体有利的要素。

可是，中国不仅有五千年历史，还从小就开始选班长，除了禅让指定以外，对于领导者的理解，留下来的思路不过是举贤任能、德才兼备，也就是选强者、能人、贤人、智者、老人等来担当。所以，按照老套路，这故事大抵和低级武侠片里选武林盟主一样，说到选领导者，某人提议："我觉得贝爷不错，年纪大，经验丰富、德艺双馨，应该可以，就选他吧。"众人一起哄，就他了，顺手再来个投票表决高票通过。接着，贝爷勉为其难地用中文略为推辞，"我其实不想当的，如今既然大家都这么信任我，我就干了吧，而且我作为道德模范、户外标兵一定会身先士卒。”然后临场草拟施政纲领云云收尾。这事儿就这么通过了，投票的人也没觉得领导者真的是个干部，当选领导者也大抵行使名誉头衔模仿一下电视里的首长讲话，人群还是一盘散沙，各行其是。

领导者当然不是这么回事。领导者对应的英语是“leader”，需要的是“leadership”（领导力），但翻译过来以后，领导者被解读为干部而遭到误解，而领导力的概念才刚刚开始普及。领导力并不等于肌肉多或者智商高，乃至年龄大，无论是力拔山兮的项羽，还是将兵多多益善的韩信，最终都败给了刘邦小儿。而《复仇者联盟》的英雄里面，战斗力指数一般的美国队长反而是一群旷世奇侠的精神领导者，率领着一群超能力战士满地球打怪。这个领导者的位置也是独一无二的，去掉了美国队长，任何一个其他超能力的英雄都更适合单打独斗，但一个人是一条龙，三个人是一条虫。

在统管全局的问题上，领导力是一个单独的技能，也是重要的社交能力。面对如何让 15 个人在荒山野岭中生存一整年，领导者要习惯于从全局思考和预见问题，提前琢磨 15 个人一年的生存这样一个大的项目目标。在短期内，15 个人要尽快解决住宿、粮食来源、埋锅做饭、公共卫生等紧迫的生存问题，并达到一个什么样的标准。在中期内，食物来源必须稳定，然后人们有时间琢磨经营方面的发展，并与外界建立交换获得更多资源，还要应对气候和季节的变化。在长期来看，人们形成稳定的产业，丰衣足食。此外，面对人的情感问题、精神需求、伤病、气候突变都要做出应急机制。

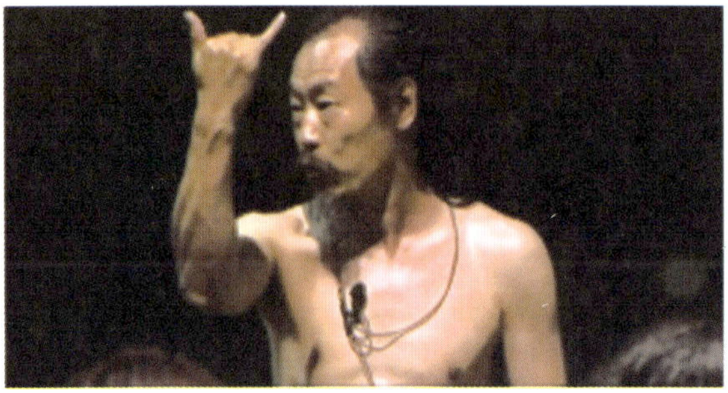

聂江伟凭良好的群众基础成为平顶首位领导者

为了打好群体基础，领导者在思考的同时还需要以一技之长服众，当然没有功劳，有苦劳也是不错的，在刚刚介入群体的初期，用实际付出为其他参与者留下好的印象。

在宏观问题考虑比较成熟，而且有了一定的群众基础以后，作为领导者的第二个技能派上用场，尽量使用议事规则控制团队在最短的时间内做出最高效的讨论与决策，最基本的要点要做到聚焦讨论的主题、规定发言时间、依次发言、形成有效决策。可以想象，我们通常最擅长的是开神仙会与跑题会，以及声音大的人和情绪激动的人把持了会场的时空，而其他人则昏昏欲睡。一个会议如果无法充分聚集众人的脑力，最终的决议也不是众人所认可的，自然无法得到真心的执行。好的会议控制虽然压制了那些过于澎湃的表达者，但尊重了更多人的思考与参与，并且能真正指导实际工作。

运用议事规则集体讨论的第一步是撮合部落中的人，激发集体智慧，聆听每个人的声音，倾听每个人对未来的想象，发现不同阶段是否存在更多需要解决的现实问题，凝聚共识，认清目前所面对的情况和要达到的共同目标。

第二步，集中现有人群经验，根据要面对的问题共同讨论确定每个阶段要完成的主次目标，并形成一个完整的发展目标。而每个目标要配备多少资金也要在公共的讨论中做出决策，对资金的管理形成一套流程进行规划，控制支出节奏，确保有限的资金配置到更重要的地方。

进入平顶的每个人都有自己不同的理想

▶ 每个居民都不容易被别人说服

第三步，在目标确定以后，继续共同讨论每一个小目标之下究竟要安排多少工作，不同时间段有哪些工作安排，每个人应该分担哪些工作职责。这部分的规划我曾见过太多案例，满地都是战略家与演说家，而能够细致耐心地分解到可以数据化管理程度的非常罕见。而“魔鬼”正是在细节之中，往往工作不能分解到特别细节之处，执行的任务量也就很难考核，也无从谈起如何实现目标。比如种地一项，在工作设计上要具体到究竟准备开荒开到多大，每天开多少，每种农作物要种植多大面积，需要投入多少人力，每个人具体工作量是多少，究竟能为团队在什么时间段带来多少收益。

第四步，讨论每项工作要怎么完成，每项工作该如何考核，哪些不可避免的风险要提前控制，出现问题要如何补救，何时要在新的形势下调整目标，林林总总。此外还要建立定期的汇报反馈与交流制度，敦促工作进展的细节，放在公共平台上进行交流和监督。这部分同样需要高度细化，比如预计哪天开始可以收获多少粮食，用最客观的数字来衡量管理工作大约是最不容易因为主观标准而发生争执的方法了。

大事定完了，如果有可能，还要尽量制定公共空间相处规则，相当于村规民约，相互之间的行为准则越细越好，尽量减少这个小空间里的矛盾与摩擦。

这部分工作大致为群体的发展制定了一个工作计划，但这仅仅是个开始。面对信奉计划不如变化的人群，要努力把踩着西瓜皮的野马们拽起来；还要面对经受了多年重在参与的教育，努力考核每项任务的落实情况；又要熟悉尧对舜的教诲，“惟精惟一，允执厥中”，尽量运用集体制定的规则公平公正地协调部落里的种种纠纷，不偏不倚地控制整个部落的协调发展。

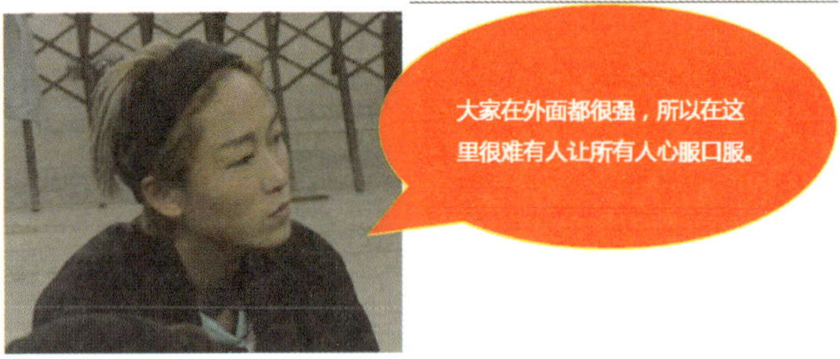

在节目中，组成小部落的是15个个性迥异、天马行空的人，挺身而出的领导者不得不随时提醒自己，这里没有后台大领导撑腰，没有既定的有保障的奖惩措施，更不能指望每个人都安分守己、克己奉公，领导者面对成绩优良的队友需要恰当的鼓励，面对能力不足的队友需要思考激发和引导他们成长的方法，面对偷懒磨洋工和进展不顺利的队友需要适度提醒，面对矛盾冲突需要挺身而出，这个脆弱的共同体的前行需要领导者作为有效的黏合剂，用智商与情商维持计划的进展。

宏观的工作规划与执行的管理并非一个优秀领导者的全部，就像美国队长一样，他所要做的首要工作并不是四处出击去打小怪或者在荧幕前情绪澎湃，而是跑前跑后地去安抚那些脾气乖张的大英雄。衣食足而知荣辱，部落中人的需求逐步水涨船高，日常生活的需求满足了，对于安全保障的需求随后跟来，而期待友情与亲密的归属需求也在滋生，还希望因为存在而被人尊重，最后希望感觉到自我实现。那些负面情绪和涌动的暗黑矛盾，需要一个极大的人肉树洞来想办法消化。而一个人的潜能也正潜伏在心底，等待着被激发。

在蛮荒状态中，一个真实的领导者听起来像个干部，实际是个总打杂的幕后英雄，干的活不能少，操的心比谁都多，担负的责任比谁都大。

作为领导者，他因为领导力而成为一个团队的灵魂人物与核心，就像美国队长在超级英雄的联盟中一样，他并没有一个比其他人更高的官衔，但他拥有所在群体对他绝对的认同与信赖。也正是领导者的存在，赋予了一个团队更大的价值，让一个团队能够爆发出惊人的潜力，不断地突破极限。

这样一个独一无二的角色只有具备了卓越的意志、敏锐的头脑、出众的能力、强健的体魄、体贴的心灵、公正的态度、无比的耐心，方能面对众口难调的小社会，闯出一番天地，上能开天辟地，下能洗衣做饭。

《我们15个》将一群人回归到了社会文明的起点，也将领袖的本质还原到了原点。在这样一个最为原始的人类社会样本之中，更容易让人看出不同类型的领导者对于一群优秀个体的影响。而更有趣的是，那个领导者不一定是带着官衔的人，甚至就混迹在人群之中，但却发挥着巨大的杠杆作用，改变着一群人的走向。

② 如何看平顶人际关系，心理专家如是说

陈海贤是《我们15个》的心理顾问，他是一名有着丰富经验的心理咨询师。与一些节目中站在台前做点评的心理专家不同，他的工作只在幕后。每个新人进入平顶，陈海贤都要了解他们的心理、人格状况，做心理建设。

在关于《我们15个》人与人之间的关系评价中，作为对平顶生活最为关注的“当事人”、心理学博士陈海贤，是最有发言权的。

北京晚报邱伟在2015年10月27日对此发表专门文章中说：“……然而在线直播的头3个月，平顶之上人际关系一度分崩离析，接连有人因情绪崩溃退出，节目组从十余万报名者中千挑万选确定的首发15名居民，如今只剩下3人。居民们逃离生活怀揣田园牧歌梦想进入平顶，却发现15个人又重新形成了

一种社会规则，还是无法逃离，外面世界有的，这里也有，你又得进入另外一种社会规则，所谓的平顶净土不过是现实生活又一个翻版。”

随后，邱伟专门就此问题请教了陈海贤。

《我们15个》招募居民时，最打动人的一句广告词是:“把生活清零，让一切重新开始。”它像一个实验，检视浮躁的现代人能否回归初心，重构生活价值。在陈海贤看来，这种现代人普遍具有的情绪叫作“逃离生活的冲动”，远离现实中一切勾心斗角和重压，找个世外桃源去过简单纯粹的生活，很多都市人都有过这样的幻想,《我们15个》就是模拟这种情境展开的马拉松式慢综艺。

平顶努力打造纯粹简单的世外桃源

“每个进来的人都有自己的想法，有人想让更多人知道自己，有人想体验一种在别处的生活，也有人希望找回那种家的感觉。”

……

平顶第一天，居民们靠吃仙人掌果腹，但物质匮乏并未带来团结，居民之间性格碰撞不断，老一辈和 90 后不同生活观念的冲突，每月淘汰一人、替补一人的严酷规则让非正常退出接连发生，开播至今已累计出局 15 人。

首发 15 人中，聂江伟和谭利敏年龄最大，两位 60 后是在社会规范、等级秩序非常清晰的环境中成长起来，所以特别遵循社会规则和秩序。开始时，平顶中长者获得了相应的尊重和权威，聂江伟被选为队长，他就像一个大家长，对团队所期待的东西就是权威、等级秩序。

平顶之上，年长的人觉得在田间地头挥汗如雨才是建设家园，年轻人则力主与外界以物易物。围绕刘洛汐结成的一帮小青年想出了很多在老一辈眼中不务正业的商业计划。在心理顾问陈海贤看来，对于年轻人的不满和反抗，聂江伟是缺乏准备的，他把维护自己的权威等同于维护整个团队的稳定，导致他不开放、不接纳，把自己陷于一种防御的维护权威的状态，这对团队是一种损害。

在首月投票淘汰，刘洛汐在角力中意外败北，成为首名被票选淘汰的平顶居民。紧接着，最具网络人气的实干家刘富华因淘汰事件与他人冲突，因违反规则离开节目。两天后，平顶第一任领导者聂江伟也因为与其他居民发生冲突违反规则退出。谭利敏在次月的投票中没有悬念地出局，这一结果又引发其他居民相继离开。

刘富华表现出一种对尊重的极度渴求

对于平顶建立之初风波不断、内耗不止，陈海贤觉得发生在这个理想之地的矛盾和冲突，本就是现实的缩影，每个人的现在都带着自己长长的过去，15 个居民代表了不同的阶层，不同的社会文化价值观，对改造平顶的想法不一样，每个人也都有自己的弱点。

“以刘富华为例，他在平顶被易秋激怒导致退出，是因为他十六七岁就从社会底层开始打工，受过很多歧视，对人抱有一种本能的防卫。这种防卫既保护了他，也让他疲惫不堪。他来平顶的目的，是希望寻找一种单纯的人际关系，把这种防御放下。可是，他放不下对尊重的极度渴求。现在蕴含着过去，并影响着未来。”

陈海贤解释说：“心理学里有个概念叫退行，是说人在某些情境下会退回孩子时的状态，以孩子的防御方式来对待这个世界。最常见的退行是哭泣和争吵，这些争吵表面是对某件事的分歧，其实大部分都是为了防御自己的弱点。人在脆弱的时候，会把任何评价当作对自己的攻击。”

节目组动用了 120 台 360 度全高清摄像机、60 个麦克风，通过互联网 24 小时直播 15 位居民一年的生活。所有人的生活细节都被置于公众视野下，被观察和评价。陈海贤对此形式分析说:“人在摄像头下的生活，潜意识会处于一种被评价的焦虑中，需要他们时时刻刻来监控自己的行为。这种自我监控到一定程度的时候，人的意志力消耗光了，自控力减弱，容易情绪失控。此外在封闭的空间里，人与人的敌意会被放大，甚至容易产生轻微被迫害的妄想。”

到了 10 月份，平顶已进入暴风骤雨过后的稳固期，年轻人的商业计划得以实施，居民们通过出售自制工艺品、开办音乐会来创收，节目组的选人导演不再抓狂，平顶之上还诞生了恋情。

陈海贤觉得这非常有意思，按照复演论的理论，任何个人的成长、小团队的形成都是经历了从无到有，从没有规范到有秩序的过程，就像复演人类文明发展过程。从这个角度来说，平顶最开始表现得有点像孩子的时代，有各种纷争，也可以理解为战国时代，然后慢慢地进入契约稳定社会，一个文明的社会。他认为:“目前的平顶已度过激烈的冲突期，在向文明社会过渡。”

③ 感悟人际关系，居民有话说

韦泽华

在平顶，我会尊重体制内的东西，如果我的想法与平顶的体制相违背，那我宁愿不做；如果我个人的想法与平顶的体制相符，那我就会大胆去做。一种制度，旧的已经不适应了，那我也会站在新的框架内；当然并非视现有的体制为无物，而是它已经无法满足大多数人了，必须改变。

经过这么长时间的考验，我认为，在这种闭塞的环境中，人的流动性又很大，一周到十天走一个甚至几个人，我受不了。因为我是一个追求稳定的人，如果一直是 15 个人生活下去，我可能会很享受；但处在这种状态下，每个陌生人的到来，都需要我作一次调整，每走一个人，我的世界的十五分之一就会发生变化。原来一起生活过的，即使感情并不亲密，但也非常重要。因为从 15 个人代表一个社会这个角度来说，每个人发生变化，就等于原来的“一类”人消失了，新加入了“一类”人。尤其让我无法预料的是，人员的流失远大于规则。

若谈到这是个“厚积薄发”的过程的话，我并不赞同，因为这里并没有“厚积”，这里的历史并不是连续的，每个新人都会带来从属于他的新片段的开始，等他离开时，又终结了他的历史，因此平顶的历史呈现出碎片化。

我见到了平顶的每个居民，对每个人的印象都很深刻，若强加给平顶一个完整的历史，那或许就是我和郑虎的存在，如果我们俩走了，那这历史就真断掉了。

争吵也是很有意思的，只有通过争吵的过程，你才会在他的表达中明白他是一个什么样的人。这样，会更有助于以后的沟通。

董德升

我来到平顶，淘汰投票时一个原则就是“谁给平顶带来不快乐，就投给谁”，比如崔叔（崔益祥），他是我的师父，我跟他学了很多东西，但是，当他提出要大家为建树屋捐款时，遭到大家的反对，他仍极力坚持，这就不太好。所以我把票投给了他，我给他解释了我的原则，他也表示理解。而且还笑着说，我和彬子、徐晶宇、泽华都曾是他的徒弟，却学了手艺“害”师父。但我是对事不对人。

焦阳

说到人与人之间的关系，我是深有感触的，在我 3 月 10 日入住之前，为什么平顶的建设一直处于停滞状态？不是因为大家当初都有想法，但是方案出来，大家虽然也讨论甚至争吵，但之后却没有很好地沟通，还各自坚持自己的事，时间就这样消耗掉了。而我们实行了“不开会联盟”之后，并非就是单纯为了反对开会，而是反对没有意义的会议，我们联盟内 8 个人考虑的其实仍是 15 个人的事，比如花姨要做葡萄架，我们 8 个人一聊，同意，好，马上就付诸行动。这 8 个人也是有意义的，在 15 个人中占多数，只要联盟同意，那相当于开会也会通过。如果只剩四五个人，那讨论出结果也没有意义。

我一直强调，在平顶要“求大同，存小异”，求大同，就是大家都要有共同认定的目标，而存小异，就是允许每个人的个性发挥，可

郑虎、焦阳和重返平顶的郭道辉

以按照自己的兴趣和特长来做个人的事。比如那天抬集装箱，三四个人根本抬不动，那就必须让画画的人放下画笔，去一起行动。再比如郑虎的音乐会需要招募交响乐团，我们私下一商量，决定大家一起站成一排，为郑虎助力。希望这形成一个好的开端，先把意见反馈给我，我再解释给别人听，进行疏导、引导，避免在开会中由于每个人一时没考虑到这方面，立刻从情绪上反映出来，就把原本好的意见给抵消了。而且，现在将方向和执行力结合起来了，也就是说，我让你做什么，有个方向就好办。 如果我问:“你能做什么？” 那你可能就会找不到方向了。

崔益祥

平顶的压力其实很大，主要因为 15 个人各有各的性格，开会时只要你提出一个意见，总会有人反对。而我又是一个不善于表达的人，所以后来我就只做不说，但这也好像不行。比如那个屏风，我不做，就扔在那里没人做，也不会有人说我什么；我觉得应该做，也去做了，马上就会有人说三道四。反过来说，我如果从此什么也不做，就画画，收拾点零碎活，那或许就没人再说我了，但有什么意义呢？

一定要做，一定要建设，不能坐吃山空，否则必然死掉。我想到反正我都是为了大家才做的，就会坚持，但只要做，就必然要承担压力和责任。不过，有的干有的看，毕竟没什么兴趣。

在这些居民中，大家几乎都很尊重我，或许我是以自己的劳动换得的吧！似乎只有彬子与我有“矛盾”，这是因为我们互相看不惯对方的行为方式。我开会时只要一提出方案，他马上找各种理由反对。那天因为牛栏的事，他和我吵，竟然直呼我的姓名。要知道，在平顶包括义哥、花姨在内，都是称呼我“崔叔”或“崔哥”。后来我想到，彬子就是这种脾气，他还只是个孩子；而且平时好起来还称我师傅（我教会他很多技术），我就不跟他计较了吧。另外说起来，如果在平顶之外，我肯定再也不会理他了，但在这里是躲不掉的，只能努力搞好关系。有时想一想，或许我也有不对的地方，总之就是做事风格不一样造成的吧！

彬子

对于平顶的人际关系，似乎一直处于“风口浪尖”的彬子则有自己的见解。他在接受访谈中，专门写了一篇《自私与无私的判断，是每个人的罗生门》，论述得极为详细：

（采访者：涂圆圆　采访时间：2016年5月16日晚　采访地点：彬子小屋）

①谈一下推行大小项目经济制度的故事。谈谈第一个月被史上最高的16票投进危险区的感受，如何产生了大小项目理念？如何一个一个说服其他居民，最终打破大锅饭实行工资制？为什么会执着地推行这个被所有人不理解、不认同的制度？

彬子：我进平顶之后的第一个月就进入危险区，当时有13名居民，其中8个人给了我票，我得的16票也算是平顶的一项纪录。

9月份我进来的时候是大锅饭制度，我很想做点事情，但特别特别难，提任何想法都要经过大会小会的讨论，做方案之类的我又完全不懂，脑子里也没有那么多理论，不能像有的人那样一套套地完整表达出来，所以我的想法很难得到支持，一开会就通不过，或者让我再等等。比如，我想收拾下谷仓，不行，得做出个方案来说明怎么收拾，收拾出来什么效果，拿到会议上去讨论。能做什么、不能做什么，当时也没有标准，谁厉害谁强势谁就有话语权，他们的想法就是标准。在平顶，居民其实并不能完全做到“归零”状态，大家或多或少还是会看你在外面是做什么的，我没有什么资本也年轻，即使在现实生活中都没有什么话语权，到平顶的初期得不到大家的认同也正常。

给每个人一些自由独立的发展空间，应该是首发居民刘志轩最早提出来的想法，比我早上来几天的吕日阳也提过。我进来之后对自主做事的诉求更强烈一些，我的本心就是自己可以自由一点，我想做的事情不会因为大家的反对而做不成，在不影响集体的前提下，稍微给个人留一点空间，其实这也是给我们所有弱一点的人争取做事情的权利。当时只有吕日阳明确表示支持我，但是因为马上就到淘汰日了，他劝我过几天，等投票结束之后再说这件事，我说我等不了。韦泽华是中立偏支持，但他不表态。其余大部分人都举手反对，会上吵得一塌糊涂。

在现实生活中很正常的制度，在那个特殊的时间点和特殊的环境下，就被认为不正常，我知道自己搞不定，硬上也不行，当天晚上就去找韦泽华聊。我坐在他和鸽子两张床中间的地上说，聊到熄灯了，把鸽子都聊睡着了。我也困啊，可是我着急，已经收不住了，这事如果弄不成，可能我就会走了，因为基本上我是在跟整个平顶唱反调，即使这一次不被投走，也待不长，所以我硬着头皮跟韦泽华讲，聊到半夜两点，终于把他聊通了。第二天早上我七点多起床，就看见韦泽华已经跟鸽子聊得差不多了，随后在很短的时间里他就拿出一个很详细的方案。韦泽华是复旦大学毕业的，逻辑论证能力很强，同一件事情由他在会议上说，几乎没有人能反驳得了他，大小项目制度这个说法还有“小项目基金池”计划也是韦泽华提出来的。我觉得大家最后都举手支持大小项目制度的实施，并不是支持我。但支持不支持我没关系，我要的结果是大家支持这个制度，这个制度有利于我去做事情。

后来鸽子根据例会上决定的方案，从集体的钱中拿出6000元钱来平均分到每个人手里，平顶居民第一次自己手里有了钱，这笔钱不用经过集体讨论可以自由支配。后来我做了很多小项目，就是用这400元做启动资金开始运作的。小项目赚来的钱，绝大部分都上交到“基金池”，只有很少一部分留给自己用。但我不在乎个人能留多少比例，我在乎的是我有权利去做一些自己想做的事情。

2015 年 9 月 21 日，彬子进入平顶前搞怪拍照

第一个月就被投进危险区，跟我极力推进经济制度改革可能有一定关系，但更主要的原因是我自己太激进了。虽然刚进来时我是弱势的一方，但我跟很多人吵架，谁对我的想法不认同，我就会跟人吵，当时语言表达能力又不行，有些事情也说不明白，一开会就吵，给人的感觉就是我造成了平顶的不和谐。进危险区是在我自己预料之中的，换作别人可能会选择缓一缓，先老实一点，等十天半个月再推，或者换个表达方式，委婉平和地跟大家说，即使吵过也会跟对方道个歉，就不会得罪那么多人。但我当时的想法是，我为什么不能直截了当地表达我认为对的东西呢？

其实进了危险区也害怕呀，当十几张票都给你一个人的时候，对新居民肯定是有影响的，他也要看所有居民的态度嘛！上天保佑，在我最危险的时候，几件事莫名其妙地都赶一块了，我觉得纯粹是走了狗屎运了。我第一个月做了不少东西，赚了 4 000 多元，我高票进入危险区之后，一两天之内很多网友写信进来，要置换或者买我的东西。那时候平顶很缺钱，那么多网友的支持可能会改变一些人的看法。更运气的是，拳赛来了，我特别感谢邹市明，不仅仅是他用两万元买了我和韦泽华、訾鹏合作的大飞机，他媳妇儿还特别好，她对好多居民都说我好话，我是不经意间听到了一两句，在那样一个艰难的时刻我心里非常感动。还有一个因素是，那个月进来的新居民是梭梭，我认识她，虽然不怎么熟，但是至少能增加百分之十的好感，而且她的思想很开明，很通透，她认为我是不错的。

留下来之后的头一个月压力挺大的，我很努力地赚钱，赚了钱到月底给大家分，因为这个制度是试验性质的，必须让大家见到成果。后来就没分钱了，小项目的“税”特别高，赚的钱交了“税”，能留在我自己手里的很少很少，虽然有了一定的自由度，但也做不成什么大事情。我上平顶是有一些规划的，想做事情就需要钱，所以我一直想攒钱，想攒个三五万之后，可以有一两个月的时间不用想着赚钱，而是专心去做事情。钱倒是赚了一些，但是我掐在手里哪敢花啊？那段时间也是我们点儿背，怎么都赚不到钱，到这样那样的资金缺口时我就把手里的钱都散出去了，自己规划的事情一直往后拖，也没做成。

②你认为人都是自私的吗？谈谈对私有制的看法。

彬子：有人说我是真小人，我自己从来就没有接受过这种评价，我只承认我是自私的。我认为每个人不管做什么事情，都是从自己的本心出发的，从这个角度来说，人就是自私的。比如有的人捐1 000万元，被大家说成是无私的；但按我的理解，这也是从他本心出发的，做这件事能给他自己带来快乐或者其他一些东西。谁不为自己谋利？只不过有的人是谋物质上的利，有的人谋精神上的利，甚至我认为快乐都是一种利，有的人谋快乐比谋金钱更有动力，这也是为自己谋利。

私有制这个话题好大。在我的认知里，全世界百分之九十以上的国家都是尊重个人权利和保护私有财产的，所以我觉得自己在平顶一直倡导的是很主流的东西，却不被认同，我也搞不明白。到了最后这几个月，义哥上来之后搞了联盟，实际上也属于私有制，只不过人多一些而已。

平顶有了私有制之后，我一直是独立的，谁想拉我进团体我都不进去，进去团体也决定不了钱怎么花。其实我本来就不是花钱的那个人，我多花一分，别人就少一分。我花我自己的钱还好一些，而且我花的也不多啊，大部分都拿出去了，但我可以自由地拿出去啊。如果我在一个团体里，我没有权利拿出去，要开会大家商量的。虽然我进去也是强势的一方，但我不想剥夺别人的东西。想让我不强势，不发表意见，我又挺难受的。

③谈谈你对平顶弱势群体这一概念的看法，你认为对所有在平顶生活过的居民来说，平顶能为你们带来什么，又让你们失去了什么？

彬子：我觉得弱势群体从开始到现在一直都存在，但我们内部却始终不承认这一点。我不知道应该叫掩耳盗铃，还是叫自欺欺人，明明知道平顶有强、中、弱几个层次，强势的人掌握话语权，弱势的人想做事情很难，但大家为了所谓的和谐、平等，都刻意回避这个问题。我好几次差点出局，是从不被支持的弱势一步步地走到比较强势的位置上的，我知道我自己内心经历过什么样的感受，所以后面上来的相对弱势的人，即使我内心不认同他的想法，我也绝不会反对他去做。

我从进来的第5个月开始稳定了，就没有再去想我个人还要做什么事情了。谁心里都想赢个大的，但我知道自己没有那么强的实力，也可能是那个东西不足以吸引我，在这种情况下，再让我去努力，也许能把个人能力展现得更充分一些，但对我来说没有那么大的动力了。我在平顶得到的东西已经远远超出了我的预期，即使现在把我投出去，我也知足了。我毕竟自己在这里盖了一个小屋，做了一大堆东西，虽然不是最好，但我不用再好了，总不能自己在这儿吃肉，别人在那儿喝粥吧？我没吃饱的时候，我不会让着任何人，但我现在挺好了，不用吃肉，吃饱就行了。我后面这几个月更在意的是那些还没有展现自己的人怎样能够得到机会去展现，每次看到有人不被认可，做事情受到阻碍的时候，我都会想到我自己刚来时在夹缝中求生存的状态。我觉得不能这个样子，每个人到平顶都想展现他自己，可能他想得对，也可能想得不对，只要他自己有这个意愿，就应该让他们去展现。我就想着尽我所能去帮助相对较弱的人，但很多时候自己的能力也有限，能帮一点就帮一点。我是真的希望大家都好，至少都有一些收获吧。

我一说这种话，别人就说我装啊，演啊，抢头条啊，最初我心里还比较抗拒，又扯不清，后来就随他们去说了，你说我演我就演吧。我自己知道我说的是大实话，大家不都是来展现自己的吗？如果这不是个节目，大家来干吗？如果谁想过这种生活，我们家那边有地，我可以给你圈一块，你去体验吧！

“平凡的梦响”音乐会上，彬子担任卖货郎

无论是在平顶还是在现实生活中，弱势群体想要做事情都是挺难的。这里面也有自己的原因，就像我和道辉，家庭、教育背景和人生经历都差不多，吃了很多苦，很努力地做事情，在外面也没有人认可你，我们为什么那么弱？为什么没有取得所谓的成功？还是自身缺少了一些东西。平顶挺奇特的，在外面尽管你也努力，但是还要拼爹啊，在平顶拼自己就可以了，只要努力去做了，就可以展示一些成果，可以取得一些成功，所以在这里我一直很努力地提高自己。

出了平顶大门，也许我还是弱势的，但这种经历会让我的人生轨迹往前迈出一步，不会很大，但很重要。过往的50多个居民，进来三四天也好，待上三百多天也好，每个人心里所要承受的东西都很多，我觉得都会得到成长。平顶很奇怪，看问题的视角很不一样，改变视角甚至用几个视角去分析判断，才能把事情看得明白，把套路摸得清楚，而这个改变的过程让你的思维方式、为人处世等内在素质都得到了提升，这对自己今后的人生肯定有帮助，也会让我的生活比进来之前更轻松一些。我以前就有上学的想法，因为高中都没上过，现在想去大学听听自己感兴趣的课，可能就比较好实现了。也可能出了点小名了，但实际上没啥用，当不了大明星，这种梦想是比较虚幻的。说到利，在这里挣的钱都不如我在外面开销的多，积攒了很长时间的人脉资源也都没了，出去之后可能会获得一些新的资源，也可能没有。到5月21号我在平顶就8个月了，在人生里几个月不算很长，但在平顶的8个月可能相当于外面的几十年，失去的东西是物质上的，得到的是精神层面的提升和几个可以交一辈子的朋友。

即使到现在这个时间节点，让我对其他14位居民说“我会像家人一样对待你们”，我真说不出来。我不相信自己可以像家人一样对待别人，也不相信别人会像家人一样对待我。可如果我这样实话实说，别人又觉得你不对。

④长期以来在平顶上都处于“反对者”的位置，谈谈对这种行为的看法。

彬子：我认为自己是一个持不同意见者，而不是反对者。其实不管在什么地方，在哪个层面上，就算我们村，对某一件事情提出不同意见都是很正常的。在平顶我给很多人、对很多事都提过意见，我认为我所提的意见都是很重要的，表现出来也很激烈，所以一直被认为是反对者。举个刚刚发生的事情作为例子，最近崔叔两次买东西花了几百块钱，焦书记在会上提出来要先走程序，统一出口，买东西要有轻重缓急，结果吵得很凶。这种事情我都见怪不怪了，因为以前我跟崔叔大吵过几次，都是因为这种事情。崔叔刚进来的第一个月，平顶正好来了一笔钱可以花，这之前有好长时间我们都没有钱，就是倒霉，怎么都赚不到钱，外面也骂，所有的人都快崩溃了。崔叔的想法就是搞建设，建设是好，但每个人都有梦想啊，把所有的钱都用在建设上，另外十几个人想做事情怎么办？不能为了一个人或者几个人的想法把所有资源都用尽了。当时因为这三万元吵了很多次，最后为了加快建设进度，大家同意让他们几个人决定怎么花，由峰姐支配，所以崔叔买东西很顺当。可能出于一种习惯，后来就一直这样，花钱直接花，从来不看规则。包括义哥带了一批蜜蜡上来，卖了几万块钱，钱还没到账，崔叔就买了四万多元的建材，之前报的预算是一万多。为这事刚吵完没几天，他又买了几千元的东西。

最开始我是为了自己想做事情跟峰姐吵，我是弱势者。后来都是因为钱和崔叔吵，我一提意见他就说“我是搞建设，我是为了集体”，但我们一直有规章制度的，不能直接花钱，吃饭都不是想买就能买的。小数额还好，最大的几次几万元的进账转眼全没了。我自己是不用这几万元的，我可以自己赚钱，但很多人等着这几万元做事情，稍微匀一点嘛。所以我气得不行，当然不会让步了。

义哥有一次劝我跟崔叔道歉，我说自己有的地方做得确实不对，等出去以后再道歉吧。我知道我语言上有过激的地方，但我认为我坚持的事情是对的。如果我为一句话去道歉，会让人觉得我坚持的整个事情都是错的。其实有一些事情不关我的事，可以不吭声，谁想跟别人吵架呢？但有的时候，我不想躲，吵架是要把原则吵回来。

现在我也学会缓和了，以前我认为我很对，后来我也反思过，总是跟别人吵，是不是我自己处事的方式有问题。同样的事情别人说，就是表达意见，我一说可能就是反对者，其实我也是表达意见，只是表达不同的意见。所以我也在改变，比如昨天焦书记跟崔叔吵，我就嘻嘻哈哈打圆场了。

在平顶的最后这段日子，我唯一想做的就是希望帮助弱一点的人把他们想做的事情做了。其实这也是很自私的……（此处有删减）现在，对别人的事情更关心一点，希望对表格上列的计划努努力，至少实现百分之八十。等节目结束的时候，大家都好一点。

现在，看起来我这边帮帮，那边忙忙，风清云淡的，其实我心里发愁啊，出去以后怎么办？要重新回到底层社会去奋斗。我会好好努力的！

二

善待万物，才能享受大自然

①《我们15个》：或许比《瓦尔登湖》更耐人寻味[①]

“把一切不属于生活的内容剔除得干净利落，把生活逼到绝处，简化成最基本的形式。简单，简单，再简单。”——《瓦尔登湖》

老刘说，这是一个“被辜负的梦想”

15位背景迥异的陌生人，暂别过往，从零开始，在荒芜的平顶之上共同生活一年。在资源有限、极其苛刻的条件下，努力生存乃至实现他们理想的生活方式。然而，理想很丰满，现实很骨感。

网络人气一直居首的老刘（刘富华）在离开的时候哭了。这个36岁的汉子说，其实是因为舍不得，“平顶就是一个梦想。我进去以后，在踏踏实实做事，我这么走了，心里不大好受。我觉得还有很多事可以做，但是没有做，我好像辜负了自己的平顶之梦，也辜负了很多人”。

和其他的14个首发居民一样，在迈进这里之前，吊车司机老刘想要在这里建设一个梦幻的家园。在百废待兴的平顶之上，老刘一个人垄断了种植业，

① 转自《东方早报》

深度渗透了养殖业，对手工业也颇多涉猎。

注重生活技能的实干家老刘说：“我想体验农耕，于是在一个小树林边上搞一个试验区域，每天都会去看一下，浇浇水，拔拔小草，然后又在谷仓前面做实验，这个时候有人想跟我一起，包括肖凡凡、谭利敏还有张婷媗。最后谈不上失败，长出来了，但是它很小，可能再长一个月还是不够吃。但是我们做了，只要做了，你就能看到希望。”

诚然，在这一个多月里，居民们努力过，每个人都很认真地活着。然而正如网友们所探讨的那样，他们所犯的第一个致命错误就是，以城市人的思维来看待这次平顶之旅。有限的资源早已设定了生存的唯一法则：他们必须用自己的劳动获得食物以及财富。生产种植是居民们最迫在眉睫的生存大计。

显然，对环境的预判不足，使他们没有意识到现实的残酷。其结果就如老刘那仅是体验而已的试验地一般：尝试了，却没有结出硕果。更多的时候，我们看到的是他们花钱从外界购买生存物资，甚至是电磁炉、瑜伽毯这样现代化的生活用品。网友们震惊了：这是穷游度假之旅吗？不是吧！

“他们不应该对人生仅仅采用一种游戏或研究的态度，而是应该自始至终真诚地体验生活。”——《瓦尔登湖》

目标是一致的，只是形态不一致

和老刘相比，90后模特刘洛汐进入平顶的初衷显得更为“原动力不足”。在成为平顶居民之前的一年零七个月里，因为感情问题，她不想跟外界接触，几乎是零社交。她曾经坚信，“我觉得我可以适应。”

跟大量喘不过气的都市人一样，刘洛汐觉得节奏太快，压力太大，没有时间去思考，也没有时间去沉淀。她说：“那个时候，我很想逃离这种生活，想让自己到这种环境里面去，我觉得我可以去睡睡觉，可以沉淀一下，好好想想在外面奋斗了这么久，目标是什么。”

15个陌生人，15个不同的初衷、迥异的个性和过往。将他们聚合在一个相对封闭、物资短缺的自然环境中，会碰撞出怎样的火花呢？

在这种聚合中，他们又犯了第二个错误——都很自我，他们拿不出像样的主意，又不同意他人的看法。简直就像职场太多让人烦躁的无效沟通一样，没完没了地开会，甚至没完没了地争吵，最终往往毫无结果。很多网友至今还记得，节目中，农民工兄弟郭道辉终于受不了了，说我们一起先砌个正经的灶台，也别开会投票了，说干就干，这才有了第一个灶台。

虽然一切都是从零开始，但人的个性并不是。15个人，都在外面的生活中，形成了属于自己的节奏。刘洛汐说：“比如刘志轩就是夜店生物，大家在里面都没有资源，能做的很局限，局限的情况下就会回归到人性，会惰性、会埋怨，你可以做就去做，现在不想去或者怎样，有很多这样子的情况。”

刘洛汐认为：“其实目标是一致的，只是形态不一致。大家的梦想都希望平顶能好。但是不乏有人希望借这个节目成名，我有一天跟宋鸽和邓碧莹讲，通过这个节目成名只有一个办法，不是每天去唱歌跳舞。如果因为你的私心没有达到预期的美好，大家觉得很一般，那你也是不会火的。”

每个人都比较自我这一点，刘富华也是承认的：“我不能说表现欲望强或者什么也好，自我的意识还是很强。没有真正感悟到说，平顶像我的家一样。所以当你真正失去的时候，你才真正懂得了，其实那时候可能是晚了，你已经失去了。”

“人性中最美的品质，就像果实上的霜，必须小心翼翼才可以保存下来。但是，现在人和人之间正好就缺乏这种温情。”——《瓦尔登湖》

密闭空间里黯然滋长的复杂情绪

人们总是说，有人的地方，就有江湖。平顶之上，也不例外。物质基础决定着上层建筑，也左右着意识形态。在条件捉襟见肘的生存环境中，各种复杂的情绪也在悄然滋长，比如私心。居民们犯下的第三个错误就是过于理想化的分工。

有网友吐槽：“所有人都在严格按照分工行事，经常看到几个人在干活其他人在门口坐着闲聊，很少可以看到大家集体劳动的场景，每个人都‘恪守’着自己的本分。我们拿新人韦泽华来的那一期举例，即使大家觉得他的方法不可行，但是修路总是没错的，却只看到韦泽华一个人在干，其他人都还沉浸在韦泽华‘唠叨’的负面情绪之中，觉得韦泽华太瞧不起自己了。”

刘洛汐承认，为了拧住自己小团体力量，的确是有私心也有自私举动的。

刘洛汐和刘富华同时被送上“三选一”的淘汰 PK 台，某种意义上正是这种私心较量的结果。“我投了刘大哥一票。我们更多站在自己私人感情或者说比如大哥跟我说了什么，或者别人跟我讲了什么去考虑。如果真的站在团队角度去考虑，也许我跟大哥都不会上 PK 台。”

平顶的第一次淘汰诱发了一次巨大的人际危机。因为刘洛汐被淘汰，居民们当即爆发争吵，四位居民要跟她一并离开。在网友眼中，她是所有居民中收获最多的。除了友谊，还有萌芽中的爱情。她毫不讳言：“认识了韦泽华，他让我觉得有另外一种可能。”

虽然这层窗户纸在还未捅破就要面临别离，刘洛汐却勇敢告诉所有人她会“等待”：“那个环境很纯粹，不像在社会中先了解的是这个人的背景、家庭、周围的朋友，而是了解这个人本身。本来我以为会有长时间了解，但是戛然而止。这不是示爱的方式，但是这是一种纪念。也许一年出来或者几个月出来会有改变，我希望他看到这份东西，知道有一个人离开平顶，许的诺言、做的事情是去坚守的，这点就够了。”

“等到我们迷失了，我们才会开始了解自己。”——《瓦尔登湖》

平顶将来绝对比我们所预期的要好

平顶居民的第一个月，如果用“一地鸡毛”来形容，也许并不为过。可好消息是：他们还有未来的将近 11 个月，无限可能依然在等待着他们。

站在当下，刘富华的认识通透了很多：“其实在平顶，无论外界感觉谁是一个核心人物，这些都不是最重要。所谓的核心是真正的这 15 个人，真正意见达成了，为了一个目标在争取、在奋斗、在做事情，而不是某一个人、某两个人。哪怕差一个，都不是一个初衷。15 个人就是 15 个人，缺一不可。所以说所谓灵魂人物，不单纯指一个人，每个人都是这样的一个人，就看他的思想、他的方法、他的一切在平顶所表现出来的东西，是否能够真正给大家带来这种积极性，这种创造力能否真正发挥出来。”

一些人离开了，新人还是会进来。一些努力失败了，经验和教训会成长为财富。当刘富华被问：剩下那十几个人，能走到设想一年之后的情景吗？他给出的答案是：“再新进去的人，会带来一些外部的感觉进去。里边的人和外边的人，这个信息量组合包括大家经历的这一个月来这么大的变动，有这么多的感受，有这么多的悲伤，还有这么多的离别，大家难道心里边还没有反思吗？最终问题到底在哪儿？如果大家真正意识到这些问题的话，我想平顶将来绝对比我们所预期、所想象要好。”

和其他人相比，刘洛汐对于平顶的牵挂显然会更多。在她心目中，最终选择留在平顶的那个他会更出色，“这一个月，地还是开了出来，菜还是长出来了，厕所还是修成功了，我觉得他是会主动去做的一个人，我相信补进来的人跟他一样动起来，就会变得很好。”

既然才走过了不过1/12，那轻言失败为时尚早。至少可以肯定的是,《我们15个》这一场在国产综艺界从未有过的“社会实验”，其意义远远超过了一档真人秀本身。有关人与人、人与自然的观察和思考会持续升温、发酵。在这档节目里，除了“瓦尔登湖”式的人与自然的意义探索，也正如清华大学新闻与传播学院常务副院长、影视传播研究中心主任尹鸿所言:“不仅仅是15个人如何生存，更重要的是他们如何互相关联着生存。爱与恨、近与远、亲与疏的人际关系都是命运和情感的看点。期待看到人的勇气、智慧，以及人与人之间的伦理关系。”

② 平顶是如何打造出来的[①]

雨下得缺乏诗意，像是裹挟了不少的憋屈想要一口气发泄完，将原本坚硬的山路“滋润”得泥泞不堪。不远处的杨梅树上挂着几颗率先泛红的杨梅，在粗粗的雨帘中显得格外诱人。

闲聊之际，张大爷点燃第二根烟，几近黝黑的皮肤上沾了几个雨珠，他全然不顾，若有所思地望着越下越大的雨。“整个基建，就是一部血泪史啊。”沉默半晌之后，张大爷突然冒出这么一句，语气里充满了感慨。

张大爷并非真正的大爷，倒不是说他没有男子气概，而是无论从年龄还是脾气上说，他都算不上“大爷”。实际上，这个真名叫“张磊”的男人是一个谈吐温和、心思缜密的“大叔”。作为《我们15个》的基建负责人，从节目筹备开始的大半年时间里，他都奋战在最前线，负责整个节目制作基地的基础建设。乍一看，还以为基础建设是一项非常简单的“基础”工作，殊不知，正如张大爷所感慨的那样，要在一座交通闭塞、地势复杂的山上近乎无中生有地打造一个既满足节目拍摄又适合人员生活和办公的基地，的确没那么简单。

盘旋而上的山路并不宽阔，坑坑洼洼的路面在雨后变得泥泞不堪，陡峭的山势让山路变得异常崎岖甚至有几分惊险，单是穿着雨靴走几步，都显得十分吃力。但基地建设所需要的建材、设备以及其他物资，都是通过这样的道路被送到山上的。据张大爷介绍，几乎所有东西，包括粗大的木材、厚重的铁板、沉重的器材等在重量上足以令人咋舌的物品，都是用四驱吉普车拉上来的：将木材、铁板等重量级物品“绑”在一个有滚轮的自制板车上，然后用吉普车拉到山上的基地。可以想象的是，无论烈日炎炎还是细雨霏霏，到达基地的每一件物资都来之不易。

① 转自腾讯娱乐，作者：木易

但这还不是最后的阻碍，还有很多的困难等着《我们15个》的工作团队去克服。比如山里的那些“野生朋友”——蚊子、蛇、蜥蜴、兔子、野猪……尽管不是都会威胁人身安全，但也会影响到设备器材的运行，必须做一些清理和防范。据张大爷介绍，他们在进驻基地的初期，不得不喊来专门的捕蛇者捉走大量的蛇（听着就毛骨悚然），以便工作人员能“安全安心”地搭建仓库、构建办公区以及铺设各种设备线路。

比如山上复杂的地形，这里有可能很松软，那里有可能就很坚硬，这边看起来很平整，那边望过去却凹凸不平，要在这样的地形上架设用于节目居民生活的仓库、牛棚、护栏以及工作人员办公的办公室、机房、演播室等十分重要的建筑，需要非常精确的计算和细心的施工，而这更需要多数人的共同协作和密切配合。

比如气候变化带来的温度变化、湿度变化、暴风骤雨甚至雷电等天气原因，都给建设施工、线路铺设、器材安装等工作制造了不小的阻碍。据《我们15个》节目组的技术总监常树磊介绍，光是解决120多个摄像头在巨大温差下产生的雾气问题，技术团队就设计了好几套方案，而这些方案就连荷兰的技术团队都未曾想到过。

想到和没想到的困难都在基地建设中不断出现，但张大爷及其团队并没有因此却步，反而在不到半年的时间里搭建了一个堪称完美的基地。宽敞的仓库坚实牢固，几乎全部钢结构搭建，被美工修饰得具有复古气息，矗立在几颗杨梅树环绕的小坡上，成了日后那15位居民挑战生活的主要阵地；被一条条原木栏杆围起来的平地大概比一个标准篮球场稍大，上面覆盖着长势茂盛的花草，在细雨中显得极富田园气息，那大概将是以后居民们劳作的主要场地；圈养着奶牛的牛棚和鸡群的鸡舍像极了古代的棚屋，一律由木材支撑，用茅草覆盖，看起来非常结实；搁在牛棚墙角的几样简易到甚至无法直接使用的工具都是锈迹斑斑，和仓库里一些不完整的工具一样，都需要那些挑战生活的居民发挥自己的创造力和动手能力；高耸在基地周边的几根集电线杆、照明灯、信号塔、摄像机位于一身的钢柱是最显眼的非建筑物，它们承载了许多任务，还包括了避雷功能。

但比起那些看得见的建筑实体，更令人惊叹的其实还是那些看不见的技术应用。负责整个节目技术应用的团队由腾讯视频联合荷兰 Talpa、东方卫视的团队组成，驻场工作人员总数超过 400 人，大部分都是技术人员。即使是参与过奥运转播系统搭建和世博会新闻演播室系统建设的常树磊，也是头一次在这样一种自然环境中展开工作。他们在这片山林里搭设了 120 多个摄像头，铺设了极其缜密的线路。

如此多的摄像头被巧妙地安装在各个角落，可以实现无死角的拍摄记录，而这些摄像头都是固定的，所有拍摄都是通过远程控制来实现……相比于电影、电视或其他可控性更强的真人秀节目，团队所面临的挑战便是节目本身无剧本情况下的“不可预知性”。

……

张大爷站在牛棚屋檐下兴致盎然地介绍基地的情况时，其眉飞色舞的状态让人丝毫看不出疲惫，基建期间所经历的辛苦被对节目的热情和期待所超越。这并非毫无理由的期待，在国内真人秀节目遍地开花的当下，一档以户外生存、生活实验为主的节目在概念上就具备了十足的创新性，而由15个素人聚集在一块进行条件艰苦的创造式生活将体现出来的人性特征，是节目最吸引人的亮点。

正如该节目执行制片人王云鹏所说的那样，这样一档生活实验类节目所侧重的，更多还是生活实验过程中所体现的人与人、人与自然、人与自己的关系。这位长相俊美又不失干练的女制片人不止一次表示，节目进行期间，节目组除了在出现十分特殊的情况（比如触碰法律或有生命危险时）会介入之外，其他时候都不会干涉。

这就意味着15个人在没有任何外界帮助的情况下，完全要依靠自己的智慧和技能创造条件维持和丰富生活。这便是挑战和刺激的所在，单是解决最基本的食宿问题，他们就得应付没有油盐、没有床铺、没有洗浴间甚至没有厕所的情况。要想在这片山野间持续生活一年，除了创造最基本的生活条件之外，还要解决精神上的阻碍，因为这期间会在所难免地面对寂寞、乏味、枯燥、空虚甚至人与人之间的矛盾。而节目设定的淘汰机制将成为对这些居民最残酷的挑战，因为淘汰的抉择权在于他们自己，有可能因为生存技能的弱势被淘汰，有可能因为个人性格的原因被淘汰，甚至有可能因为人际关系差被淘汰。这种方式势必催生许多颇有意思的看点，人们可以从这15个人中看到如何克服生活困难，看到如何创造生活条件，也能看到人与人之间的关系发展甚至人与人之间的矛盾，而最有价值的地方在于，你可能会在这些人身上看到自己——无论个人性格还是其中的人性特征。

事实上，我们时常会有那么一些时刻，去反思或拷问自己。

在某个安静的夜晚，或某个宁静的清晨，会突然想想自己的生活，无论过往、现在还是将来，试图以这样的方式去发现自己。遗憾的是，在这个快节奏时代，我们的自省变得越来越奢侈，人们宁愿花时间埋怨他人、抱怨生活，也不愿看看自己、反思自己。《我们15个》或许就真的能给时代里奔波的人们一个"看别人，见自己"的机会。

③ 居民谈环境对人的影响

韦泽华：我认为，这里面的环境对我的精神状态影响极大，我发生了很大变化。我相信，我们都是带着外面的思维走进平顶的。比如说，谁不希望厨房干净？谁不希望上厕所能不闻臭味？谁不希望能有个单间甚至复式居住？可这根本就不现实。不过，幸好三个多月以后，环境就改善了很多，我希望我会在彻底改变后才离开，但现在还是要一天天过好后面的 65 天。事实就是如此，你必须一天天随着环境来改变自己，性格上再怎么往前赶，可环境逼迫你必须一步步走到各种状态。平顶环境的变化也像人类的历史一样，前段没什么变化，就如我们的祖先走过的那几千年，变化很缓慢；后段变化会很快，就如我们地球上最近一百年来的快速变化一样。所以，越是最近，就越接近我们现代自然的生活状态。

平顶的环境本不应该存在于我们现代的生活中：将 15 个原本无交集的人压缩到一个狭小的空间，从事同质性极高的工作，早上六七点起床，在阳光的暴晒下，男女都进行重体力劳动，这就等于剥夺了人的其他能力，只剩下体能。所以，若说最初的居民的人与人之间的关系，我或许只能用“百感交集”来形容。而之后的，会随着平顶的生活与现实生活越来越接近，而逐渐呈现常态化。

说到这一点，大家或许不理解，这就像我们开始的居民喝的是泥水。我即使为你们描述得再生动，你也体会不到。这就是说，你含一口泥水吐掉，与你把它喝下去再消化掉完全不同。

而这种环境也会反映到对人的情感影响上，因为最初的情感状态会因环境的突变而变化，因此无法用一个修饰词清晰、准确地表达出来，当然也会与外面的世界有着不同的标准，总之，无法一言以蔽之，会有一种游离的思想状态，使人表现出与在外面时相差很多的情感。

不过之后的事实让我感觉到，虽然平顶上只有15个人，但外面有很多关注的网友，因此我们并不是孤立无援的，这又有别于真正意义上的原始生活。比如我并没有种植荷花的经验，而广大网友对“荷花池”项目积极支招儿，专业的老师也进入指导，志愿者帮助我们挖池塘，这远比在会上几个人举手表决的力量强大，可以补充我们的欠缺，种花、养鱼以及由此延伸的传播湿地和保护自然的教育、与山下学校图书馆合作科普等，都从时间上抢到了前面，可以有时间做其他事情。

焦阳：平顶的环境，注定了后面进入的人压力更大，如果将其发展好，那是正常的、应该的，而假如接手之后，发现前任留下很多遗患，就要思考，为什么没有做好？你怎么才能做好？此后，我们要打造魏敏的长架廊、重建望江亭，望江亭或许也会建成一个陈列馆，详细地说明每个人何时进入、何时离开（甚至只待过几天的人），物品无论什么也可以陈列，比如辣妈的靴子、易秋的刀具、彬子的围裙……

故事如何从开始到结束，平顶的历史发展，做的东西，说过的话，等等。走的人回来，能在这里找到属于自己的东西，并非只有最后 15 个人的痕迹，而是所有参与的人。而且这样，也能保留更早的、更多的自然原生态的东西，尽量少展示后面那些人为的，这和社会的发展史是一样的。书是可以随时带在身边的，但这些物品只有想这种办法永远陈列才最有价值。

范梭：在这里生活在摄像头下，人跟人之间没办法交心，彼此之间的了解也是片面的，偏差很大，有时觉得很亲切有时又很陌生。经常被镜头盯着，无法做真实的自己，想静都静不下来，或许……只有在厕所才是最放松的。

高峰（为本书专门撰写的文章《不忘初心，方得始终》）：

多想遇到一群人
僻壤陋室也有志执手穹苍
多想有一种远方
那里是清清明明的希望
多想留一场回忆
刻下历历不愿忘却的感动
多想走过的每段路
都铺满了用心的思量
多想做下的每个决定

都能被自己颂扬
有一段经历叫平顶之上
守着一份坚持 无欲则刚
友善 关爱 团结 协作
能够互相搀扶的才叫我们15个
朋心合力存异求同
待到下一个盛夏花开季
齐聚收割所有承诺的梦想

与节目组的工作人员最后定下来进入平顶的时间后，开始整理行囊，一切都是按照去参加一场劳动改造加上户外活动的标准来准备的。8月的平顶还是一贫如洗，在不违反规则的前提下，当时尽可能地想多带些东西。在进入平顶的前一天晚上我打好包后特意试背了一下，节目组的女工作人员看到之后笑爆了，她忍不住拍照发了朋友圈。终于以外星人入侵地球的身型出现在平顶，以至于在以后的两个星期，我都还有在户外旅行的错觉。

那时的谷仓还是一个空旷又杂乱的大厂房，第二天大家开会盘点了所有的现有资金，我们开始把现金划分为几个部分，包括生活费、医药费、工具及手工原料费用、基建费用等等，其中生活费用部分，我还记得是按照每人每天 7.5 元的标准，保留了 20 天的伙食费，就这样我们有了第一批建材——可以做床的材料！

送木材的卡车上来的那一天，所有人都很兴奋，在易秋和韦泽华动手做好第一张床后，我们还特意编了“1”号床以作纪念。不知道那张床现在是谁睡在上面。还有用床板余料做了一只又笨重又很丑的“平顶第一贵（柜）”、第一个挂衣架、外星空的厨房碗架……

花姨带着鸽子和我，利用原来被丢弃的一点儿雨布，还有四处收集起来的砖头和木板，在谷仓楼梯下面围了一间女生浴室，从此可以不用在镜头下洗冷水澡了。向建材店老板借了一套热熔器，买了一些零星材料我们开始接水接电。再后来，我们有了网友活动置换的热水器，有了很漂亮的厨房……

在人类进化史上，床和厕所代表着生活的质量。当时的厕所还是一个透风漏雨，随时可以被镜头看到的地方，尽管如此，那已经是被改良后的第二代厕所了。有一天宋鸽约上我，两个人带了一些彩条布，把厕所的四周围挡密实，这样我们就再也不怕下雨天去厕所了。再后来，我们有了一个起名为“爽歪歪”的可以称卫生间的卫生间了……日子似乎在朝着“小康水平”一步一步地迈进！

现在回忆起来，那时的谷仓每天都有变化，所以我心目中的平顶发展史不应该只是很完美地最后建成一个什么样子，而是其中的每一步都很有意义，包括每一位居民留下来的不同的痕迹、不同的贡献，都能被有针对性地保留记录，如果说此次“平顶之上”对居民而言是一场生活实验，那么既然是生活，我们要展现的便是一种态度，这种生活态度比较于繁闹的经济社会，它应该更包容、更从容。

克服镜头24小时的压力，适应突然脱离现代化的生活，与不同性格的居民之间互相磨合，把心态调整为平顶模式，这是每一个平顶居民都需要经历的心理历程，这其中遇到各种艰难自不必多说。当时我坚持的原则是：我不一定相信你能把这件事情做好，并且能承担相应的责任，但是我坚决捍卫你有去想要做这件事情的权利。在很难、很难，难到想要放弃的时候，我跟自己说，人生本来就只是一个过程，平顶之行亦是一段不可重复的时光，所有的将就凑合都是对生命的辜负，不管在什么样的条件下生存，都要站成有尊严的姿势，都不放弃追求美好的东西，即使活在沙漠里长成仙人掌的模样，也要努力开出漂亮的花。七堇年说：人生如路，须在荒凉中走出繁华的风景来。我想从生活角度来看平顶，应该可以有这样一个永远追求美好的思想传达吧。

平顶是一个特殊的环境，它似家非家，也不是一家公司。平顶不大可能以公司的形式存在，原因是它没有用来维持上下关系的利益纽带，这就决定它不可能存在一个类似于老板位置的领导，因为这个领导要既可以支配利润也可以承担所有的责任和损失。通常在一家公司中，管理模式可大体分为亲情管理、制度管理、人格魅力管理，显然单纯以管理形式来说，平顶上需要的应该是一个带领者，也可以理解为我们前面的人格魅力管理。

作为一个带领者或者欲成为带领者的积极分子，必须有一个大的格局，首先是要有全局观，而且每个决定要让所有同行的居民清楚地认知与认同，还要有能容万事的大胸怀，要能听得进去别人的建议，真正地做到替每一位居民着想，要心底无私，要舍得藏住自己，不在乎镜头不去做风头英雄。在这种情况下，或许我们能坚持的便是最大化地存求同异，这样才能始终朝着越来越完美的方向发展。不过显然很难。

那么现在看来平顶更像是一个社会，但是与现实生活中的社会关系相比较，人与人之间既是相同的又有很多不相同。平顶上的平等是 15 个人拥有相同的权利，但是却没有平等的义务。平顶上有比社会更多的相对的自由，我们说自由是什么，自由不是你想做什么就做什么，而是你想不做什么就可以不做。恰恰平顶可以满足你这一点，就这一点而言，我倒是认为这是平顶具有被观察意义的很重要的一点。

还记得进平顶时带上来一卷画纸，上面有现在与过往的每一位居民的照片，还有他们的梦想，那么多居民那么多梦想，每一个都不一样。我们所说的“建设”，狭义上是指建造出一些建筑物，广义上是改善和完善我们在平顶上生活这一年所需要的一些必备的条件，尽管如此，它也只是平顶上所有梦想的一部分——极小的一部分，而且每个人对生活的需求层次也不一样。试想一下，如果平顶最初召集居民时的标准是以建设为目的，那么唯一存在问题的不过就是分工而已了，这样建设发展就会变得很容易。而事实上，当建设阻碍了某位居民的梦想或者哪怕仅仅与居民的个人梦想有了冲突时，就成了一件很难继续推行下去的事，当然这里无所谓孰是孰非，并且也是一件合情合理的事——平顶梦想不分大小。在这种情况下，想要平顶更好地发展，无非是15位居民互相扶持，在展现自己、实现梦想的同时，尽量帮助别人也实现他们的梦想，乐观一点儿看，就是平顶上的那段被我们视为平顶精神的文字：友善、关爱、团结、协作。

由于节目的特殊性，平顶上的经济同社会上的多元化经济形式不一样，它是一种畸形的单一经济。之所以这样说，是因为它的经济来源主要是节目的观众，即我们所说的粉丝，在赚钱上有两个相关点：一是平顶上所提供的产品是不是具备被购买的需求；二是观众的购买能力。一些节目规则的制约以及交通方面的限制，加上平顶居民所有的梦想在实际现过程未能被很好地协调融合在一起，导致我们传达出来的精神里面缺少一种能够被口口相传的正能量，这就使平顶的经济之路在拓宽的方向上越来越窄，因而导致平顶上的收入陷入了艰难的境地。

平顶上的居民中有很多社会精英与成功者，并且这些人中大多数并非家世显赫，而是靠自己的努力一步步走向成功，只是他们在这个过程中的酸楚观众是看不到的，大家能看到的只是你带着成功的光环进入平顶，而当关上大门一切洗牌之后，鉴于平顶上的经济来源方式，得粉丝者得平顶，被大量粉丝认可的人才是平顶上的精英和成功者。这也是为什么前面说，若以公司制度管理平顶，哪怕领导者再有人格魅力，也不一定能让这里按制有序。

即便如此，这些都不等于我们会放弃，这其中包括已经离开的居民，更包括依然留在平顶上的“勇士”们，我们都相信平顶会越来越好，它在尽可能最大限度地实现居民的梦想的同时，形成自己的精神引领，那里有浩瀚夜空，有诗有远方有梦想，有你们喜欢的人，有我们的初心。

三

节省与会过日子是两码事

① 看《我们15个》——团队激励，没钱不是借口[①]

创业公司管理中有一个常见的笑话，部门经理说，想要员工高效工作就多给钱；创始人说，我要是有这么多钱，我还创什么业。那么问题出现了，没钱的团队如何激励？

腾讯视频《我们15个》栏目的观察者沙龙，从政治、管理、心理等方面进行了多角度的探讨，有趣的是沙龙的话题渐渐从“是什么”和“为什么”转为“怎么办”，甚至是如果观察者投身平顶会“怎么办”。

今天的平顶之上，就像一个创业团队，每个人都可以给自己找到事情做，每个人都有能为自己的事找到几个理由，生存没有问题，拼搏毫无动力。

① 转自TOM网站

▶名人观察团齐聚平顶，举办“观察者沙龙”

那么，如果你是平顶上团队中的管理者，面对一潭死水似的团队氛围，会怎么办？我们以《我们 15 个》作为案例，来学习没有钱的情况下如何用凝聚团队、激励团队，达成目标，缺钱的团队管理者如何用心激励，塑造一支有战斗力的队伍。

关注是凝聚团队的起点

想要凝聚团队，管理者首先要做的是了解和分析团队成员的现状。为什么团队会失去目标和责任？

平顶之上的第一任队长聂江伟像多数传统管理者一样，强调权力，强调控制。刘洛汐的激情和创意，刘富华对目标的责任感，韦泽华的规划和推动，以及平顶上其他人的默默付出，管理者聂江伟心中却只有服从和反叛两个选择。当付出不被关注、不被认可，只需要站队就可以的时候，团队成员就会失去目标和责任，团队也就失去了灵魂。

在《工作与激励》中，心理学家和行为科学家维克托·弗鲁姆（Victor H. Vroom）反复提及团队管理者必须关注员工的需求，只有基于需求的激励才有效果。

如果我是平顶的管理者，我会从关注每个成员的需求入手。

观察、沟通、记录。我在每天的工作之余，会抽出时间观察其他成员，并与他们逐一沟通，了解他们的处境，感受他们的压力，最重要的是记录下他们自认为或我发现的最有亮点和价值的工作。

认可、分享。接下来每次例会，我会增加一个环节，在这个环节，我会与所有人分享每个人工作中有亮点和价值的行为。这个环节不需要质疑，不需要评价，不需要一分为二，只需要告诉所有人，每个人在自己心中是个什么样的人或是想成为什么样的人。我想告诉团队成员的是，有人关注他，他的付出会被大家了解、铭记，他的牺牲会被大家认可和尊重；有人信任他，相信他可以自我超越，期待他可以创造更精彩的生活。

无论是平顶，还是企业，我们常常会被无力感所影响，我没有能力做得更好，我没有那么勤奋，团队并不需要我。应对这种无力感，管理者要做的事就是关注团队成员，与团队成员不断沟通，理解他们的压力，发掘他们的潜力，认可他们的成就，期待他们能够自我超越。

人因梦想而伟大，人因认可而奋发。

认可是激励团队的阶梯

当团队的成员意识到，他们对自我的期许和需求能够通过平顶来满足，他们就会爆发出极强的动力。这类成员在平顶上的代表就是彬子，彬子在平顶做的每一件事都有一个明确的目标——挣钱。为此他向邹市明兜售木头飞机时大胆地要价 2 万元，吴莫愁上平顶，他赶制一天画了一幅画，本以为是送给吴莫愁的礼物，最后原来是跟吴莫愁要签名，然后痛快地来了一句：1 万块到手。

脱离平顶这个平台，彬子的木头飞机卖不到 2 万元，更没有机会要到吴莫愁的签名。彬子明白自己的诉求，找到了实现诉求的方法，所以他有强大的意愿和高效的执行力。

纵然平顶只是一个最小的社会，同样需要激励机制

管理者的目标就是像彬子一样，激发每一位成员的意愿，让他们能够看到平顶这个平台，能够满足他的需求，能够帮助他们成就更好的自己。只有当我们有了更大的梦想，更高的追求，我们才会意识到，我们需要帮助、需要平台、需要团队，由此才创造了妥协的可能。仅仅有可能是不够的，管理者还要把这种可能落地。接下来我们的例会中不仅是记录、描述个人的成就，更要梳理团队的成绩和进步，以及团队的进步对每个人的意义。如果《我们 15 个》的影响力再上一个数量级，我相信彬子的飞机价格也会更上一个台阶。

团队需要胜利来喂养

当我们只有意愿、没有管理的时候，就会陷入负循环。有意愿，没成果，意愿消减，再次尝试，仍然没成果，最终意愿就会完全消失。韦泽华曾说："我要建一个厕所，预计需要 2 天。" 157 天之后，平顶之上建成一个厕所。是他们的能力比预期低了 80 倍吗？肯定不是，而是缺少管理推进能力，缺乏衡量贡献、衡量进度的标准。

激励的饼画得再好，但是吃不到，也就没人愿意努力了。我们讨论方向的时候是寻求共识，但是如果我们想要化意愿为目标，我们必须制定执行细节。方向只能想象，方案才能执行。

如果大家都认为需要建设一个厕所，那我们要明确地说明，在建设中，每个人每天做什么事，会产生什么结果。这就是为团队所有人的行为建立一个标准。这个标准不评价人，只评价事，我们不关注人的好坏，我们只关注哪些人对团队目标贡献更大，哪些人要对延误负责。当我们开会讨论进度的时候，就可以用这个标准衡量贡献。

对于每月贡献最多的成员，我们愿意给他一枚勋章，无论未来怎么样，这枚勋章代表了他曾经对团队的贡献。当这个逻辑出现的时候，人员淘汰就不再是人情党派的问题，才会有可能像荷兰版一样，为了团队更好地发展而牺牲个人。而牺牲和淘汰的区别在于，能否分享最终团队的收获和成绩。

通过绩效促进循环

管理本身不是目的，管理是为了整合所有人的力量让每个人过上更好的生活，成为更好的自己。当管理成为目的，为管理而管理，为权力而管理，就会像前期的平顶一样，成员有意愿，但是被否定、质疑，感受不到价值，个人意愿衰减，团队目标无法达成。平顶上接连的破产，让每个成员都提不起斗志。

管理者要做的正是建立正循环，让团队成员有意愿，有行动，团队目标达成，个人需求满足，加强意愿，就会创造双赢的可能。平顶上的经济制度改革（小项目资金池计划）就是一次典型的管理变革，让每个人可以发挥自己的创意，享受自己的收益。随之产生的崔益祥的木工房、魏敏的大棚、訾鹏的服装设计，不仅为平顶带来了更多收益，也通过平顶的平台实现了自我价值。

团队需要胜利来喂养，当我们克服一个个困难，创造一个个奇迹的时候，我们必须让团队成员看到团队的成功对他们个人的意义。

当我们的工作有了意义，有了正反馈，我相信 15 个人能够开创出一片新天地。

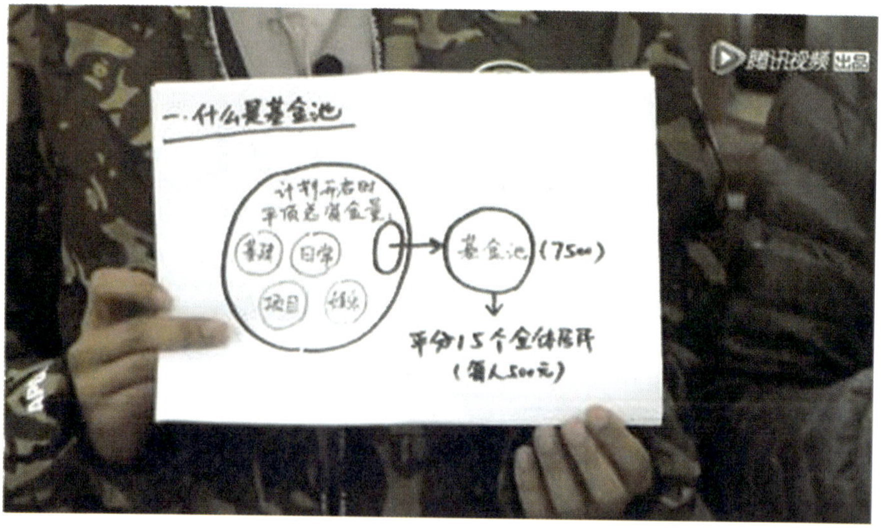

至此我们通过平顶之上的案例，分析了团队激励的 4 个步骤：

第一，了解团队，了解他们的诉求，了解他们压力，了解才能理解；

第二，引导方向，更大的远期收益能让我们承受眼前的损失；

第三，评估贡献，即使同样努力，每个人对团队目标的贡献并不一致；

第四，建立连接，让有能力的人拥有更多资源，让有贡献的人分享收获。

在很多公司，提到员工激励就是谈钱，似乎团队激励只需要砸钱就可以，有钱就有效率，没钱就没效率。

其实，团队激励中最为核心的并不是钱，而是细致用心的管理。只是，太多管理者以没钱为借口忽略管理。

抽时间与员工聊聊，了解一下他们的压力，咨询一下他们的想法，需要钱吗？

手写一张卡片，写上几句公司对员工的认可，需要钱吗？

给员工一些信任，实行弹性工作制，需要钱吗？

给员工一些机会，轮岗学习，需要钱吗？

回顾平顶上的 157 天，再看看上面几个问题，团队激励，没钱不是借口。

② 平顶如何挣钱，网友操碎了心

平定居民最初只是花钱，一点儿进项也没有，他们如何生存下去，这个问题一度让网友们操碎了心。

当有网友提出靠自种自足省钱度日，然后发展农庄经济时，马上有人反驳:“你忽略了一个重要的因素：时间！先不说人懒不懒，想不想干活儿。搞农业和发展成一定规模的农场是需要很长时间的，节目一年的时间实在太短，加上平顶场地太小、没有相关种植经验、气候不利等因素限制，仅靠上面那些人自己想发展成一个成熟的农庄谈何容易。”

而当刘洛汐分配任务，让谭利敏负责财务时，有网友立刻表示:“第一时间，刘洛汐就把财政交给了退休的谭利敏，这个决断是正确的，毋庸置疑，因为阿姨是个退休的财务嘛！主观判断也是第一时间交给她！接下来的时间里面，其实每个人都没有心理准备，他们都不知道自己将要面临的是一个什么样的困境！”

直到节目播出50多天时，平顶上看似生意门路多了起来，但随着刘志轩放弃万元画作订单、镯子出品慢等问题的相继出现,“哪种方式来钱快”成了网友们热议的话题。居民们又步入了盈利、破产的循环，让网友们捏把汗。

为了帮助平顶建设，连明星们都站出来征求粉丝意见。任重特意发微博求助粉丝:“面对白手起家的境遇，15个人还在思考‘哪种方式来钱快’，哥们儿，不来出出主意，帮他们一把？”

粉丝们也很给力，纷纷出主意:“你和心如七夕去平顶卖门票。”

5个月，在经历了“居民永远不够15个”的生存期后，平顶发展终于进入较为稳定的共建期。菜地已经进入收获期，居民们吃上了自己种的绿色蔬菜。绣花鞋、瓦雕、绘画作品等手工艺品都有了订单，而彬子的首幅画作也凭借所谓的“情怀”被高价订购。基建方面略显迟缓，内部居住环境没多大改善，但给每个人都买了床和被褥，还装上了热水器，室外厕所仍在搭建。同时，韦泽华还提出“韦大王小飞机项目”，为基础建设继续募集资金。

满足了温饱之后，如何分配财富成为大家所面临的问题。在这种情况下，彬子提议实行资金私有化，最终大家决定试验一下。有网友客观评价说："这也符合了经济发展的一般规律。"

11 月初，实施平顶“工资制”，居民有了自己的小金库。网友们及时提醒："但这也同时意味着，平顶若要以崭新的模式发展商业项目，实施过程中必须更加谨慎。"

12 月，范梭母亲病重，需要巨额治疗费，尽管当时平顶的财务状况并不乐观，但居民们还是拿出部分资金，尽微薄之力帮助范梭。吕日阳鼓励范梭："平顶做你坚定的大后方！"这引起网友一片喝彩声，大赞“平顶正能量”“钱这样用也是正途”。

进入 2016 年，随着居民们各项商业活动频繁，之前京东平顶大市场和邵总的超市因为结账周期偏长，致使平顶资金周转困难。针对这种情况，焦阳等人及时调整了结账周期：单独商品，如根雕，卖出去后三天内必须结账；持续性商品，如绘画作品，由于数量多，七天结一次，每周对一次出入清单，卖掉的、剩下的、退回的，都清清楚楚。这反映了在商业进化到一定程度时，财务管理也必须抛开之前简单粗放的人与钱的原始“买—卖”关系。

范梭项目——长款针织蓝灰色围巾

平顶越来越富裕了，这时，金钱也带来了很多困惑。比如在崔益祥建树屋买建材、“荷花池计划”实施时，有网友说“浪费”，有网友支持“平顶必须要有新面貌”，也有网友很中肯地评论道：“随着物质的极大富足，人们对金钱的态度发生了很大的转变。经济困难时期怎么花钱会造成很大的争论，怎么做事儿也会引起争论。……金钱也同时成为一个引起争端的终极议题，比如说大家衡量你对团队做出的贡献，想的就是你为我们创造了多少收益。但事实上生活中金钱不是全部的东西，比如情感，比如给他人提供便利，但这些很难达成共识，会被大家忽视。”

▶ 彬子设计的悟空系列牛仔手拿包

是的，人与钱的关系似乎自古就存在矛盾的统一：钱怎么挣是个难题，而有了钱怎么花，这也是个问题……

③ 一场实验，竟成一部浓缩的经济发展史？[①]

我们在工作中常常遇到这样的问题，精英团队缺乏凝聚力，或者需要紧密团结的时候，却有员工自行其是，或者企业有很好的产品，甚至垄断性的市场竞争地位，但第一线坐享其成，懒散懈怠。看到这样的问题，或许领导者们会第一时间从管理的角度解决问题，但我想说，搞清楚团队的“经济状况”是首要的。妇人买棵白菜都事关经济，一个集体只有明确统一的奋斗目标、明晰的经济制度，才会有稳定的发展。针对这个观点,《我们 15 个》或许可作为最贴切的案例。

15 个背景不同的陌生人，在被限制的条件下（一个谷仓、少量钱、一部非智能手机、两头牛和若干只鸡），只能带少量行李，要靠自己的能力接通水、电、燃气，搭建一切生活空间，创造自己的生活。在一个相对的封闭空间之内，这 15 个人之间会产生怎样的互动，对于社会学、人类学、经济学、心理学甚至企业管理都是一个极有意义的话题。

① 作者：刘远举

衣食住行，是人的基本需求，所以，不妨从平顶上的经济制度说起。目前，平顶上实行的是项目制度，即个人赚钱，大部分归公，小部分归己。产生这种形态的原因是什么呢？

集体公有制：平等解决生存需求

选择什么样的经济制度，用一句老话来说，就是生产力决定生产关系。在原始部落时代，自然条件严酷，工具、技能、经验都不丰富，所以人类部落实行的是朴素的共产主义，大家一起狩猎、分享食物。

平顶居民的资源相对而言是匮乏的，虽然不至于有生存危机，但存在吃不饱、吃不好的情况，所以 15 个人选择抱团，最基本的经济制度选择了类似朴素共产主义的大锅饭制度。而且，平顶之上缺乏真实社会中的权力、职位、权威、法律，人与人之间是完全平等的，所以平顶选择了大锅饭作为最基本的经济制度。

张丽维手工制作的布鸭子

这个阶段有点儿像改革开放之前的经济阶段。不管是农民还是工人，都在公有制下工作、生活。

有趣的是，改革开放前，人民公社制度并没有激活农民的生产积极性，个人承包、个人单干的制度，反而激活了农民的积极性。这就涉及另一个因素：群体的大小。群体大了，沟通成本变大，信息不对称，分配就会不平等，分配不平等，就会有人搭便车，多劳并不等于多得，农民自然就没有了积极性。而平顶之上，只有15个人，信息相对透明，环境相对封闭，不存在假公济私、搭他人便车的条件。

所以，平顶适合大锅饭作为基本的经济制度，这个制度起码能保证成员之间的公平。

个体私有：自我实现的需求

不过，平顶只是一个虚拟的社会，并不是真实社会。平顶有其独特之处，这个特点就是居民们的自我实现需求。平顶居民进入平顶都不是为了追求钱。他们中有些人在外事业有成，有些人出身于富裕家庭。以马斯洛需求层次分析，他们来到平顶都是为了追求自我实现。

平顶现在与外界有经济来往，可以挣钱，要显示出自己比别人更强，达到自我实现目的的方法之一就是挣钱。对一部分成员来说，他们希望把这种能力彰显出来。那么，必然会选择并推动“私有”的经济制度。

以彬子为例，他本身是个手工艺人，最近几年，他背包骑行在国内外游走，自己制作各种手工产品赚钱支持自己的旅行。他的这种能力放到《我们15个》节目的光环之下，赚钱能力立马倍增。彬子推动项目制，甚至希望实现个体更加独立的经济制度，与其说他是为了赚钱，不如说他是想通过这种制度，把自己的能力显示出来，通过体现自己相对于平顶其他居民的优势，来达到自我实现的目的。

郑虎“食”袋包包

所以，这种“集体 + 个人”的经济制度，既适应了平顶的自然条件，也满足了平顶居民平等的现实。

平顶经济制度中的“个体”部分，有点儿像改革开放之初的中国，虽然吃得饱，但是想要吃得更好，希望自己的生活过得更好，能实现自己的各种物质欲望与精神需求，希望制度能够释放出空间，让自己通过劳动去实现。这种行为，具体到平顶之上，就是彬子推动项目制度的实现。

自我实现与经济制度

其实，我们表面上谈的、想知道的是，平顶会发展出什么样的经济制度，什么样的经济制度最适合平顶，但实际上，谈的、想知道的却是，平顶之上，到底什么样的人际关系模式最适合成员的自我实现。

从这个角度看，选择什么样的经济制度最好，平顶之上的经济制度朝什么方向变化更好，取决于平顶居民乃至节目组的“目标”。

一种选择，就是找到一个急需达成的大目标，每个居民的个人自我实现都能在这个大目标下得到实现。也就是说，这个大目标可以细分为几个小目标，居民们可以通过选择并完成这些小目标来完成个人的自我实现，同时，完成集体的目标。在这个过程中，由于共同认可的大目标的存在，就会促使形成某个居民的领导地位。这就像一艘孤零零航行在大海上的船，面临各种急迫的危险，没有时间慢慢讨论、投票。这个时候，一个经验丰富的船长就是最好的选择。经济制度自然就该朝强有力的领导之下的大锅饭制度变化。

如果寻找不到这样一个一致认可的，急需完成的“目标”。与此同时，正如前面所言，平顶之上，没有迫切的危险，也无法建立强力维持的权威，那么一个必然的选择就是，必须尊重个人的自我实现，这就使得经济制度应该朝着更加个人的方向变化。

四

有梦想，会让当下更精彩

① 网友综述：平顶之上“讲的是修行”[①]

这是一个“秀”的时代。每一天，我们忙着发微博、在朋友圈里晒尽吃喝拉撒睡以及各种酸甜苦辣的小心情。但是如果 365 天 24 小时都要秀出来，还不准携带美图软件，你可还行？

《我们 15 个》要用一年的时间，展示 15 个陌路人在物资有限的平顶之上如何实现梦想。

有网友说，我们就生活在素人真人秀里，还要看他们秀？有网友说，从一开始每天开撕到现在一片和谐，从一次次破产到一个镯子拍卖出 9 800 元，感觉很有成就感。

《我们 15 个》用它的真性情，上演的不只是一场电视实验，更是社会实验、人性实验。既测试这 15 个人，也测试着观众反应。

奶汐储钱罐

① 作者：阿 LI

爱演之人，渐渐也会做回自己

平顶之上资格最老的谭利敏曾说过：“你们年轻人呀，就是爱演！”无法排除平顶居民有此初衷，因为在与被淘汰居民的对话中，他们也证实了这一点——有的人想红。

人人都有秀自己的心态，尤其当被众人围观的时候，但作秀的动力多少与别人的反馈有强大关联。虽然围观《我们 15 个》的粉丝越来越多，网络热议度越来越高，但平顶之上的他们只知道有摄像头，外界的纷扰他们一概无从知晓。当做什么都收不到反馈，作秀欲望和动机会日渐打折，直到完全做回自己。

已经离开平顶的人气居民刘富华说：“虽然平顶上有几百台摄像机、收音器，但我并没有感觉到有那么多。每个上平顶的人，如果他不是真诚的、实实在在的，那么他会惧怕这些东西。但是就我个人而言，来到平顶，就会真实地把自己的一切展现给所有人，（摄像头和麦克风）有它和没它是一样的。”

邓秋婷平顶居民群像漫画

因为爱出风头而身陷“爱表演”质疑的刘洛汐，在走出平顶后认为：“我们生活中也有很多人，刚接触的时候是一个样，但是时间久了，就会和最开始接触不一样。我很怕隐忍很多情绪，所以从一开始，我绷了一下，后来发现我绷不住了，比如说去做什么，你根本不会意识到有什么镜头。你只有在三个时候会意识到有摄像头：第一，在床上换衣服；第二，洗澡；第三，上厕所。”

在技术层面尤为值得一提的是,《我们15个》是一档固定摄像头节目，它可以做到比纪录片更真实，因为相比被摄像师跟拍，人们更容易对固定摄像头习以为常。

平顶之上，最讲人际沟通能力

尽管没有剧本，没有剪辑，但《我们15个》终究是一档有规则的真人秀。

网友“肥肥猫”总结：这档节目的核心就是把一群人剥离掉社会属性，扔到与世隔绝的地方，然后重建人类协作体系；至于节目的观众，有机会看到人与人相处中的许多问题是怎样产生的。与其说这是“孤岛实验”，不如说是“隔离实验”。两者的区别在于，孤岛的生存需要的是完全独立于外部世界，没有任何外部支持，凭借自己在文明世界的知识和记忆重建一切。隔离实验则不然，和外部世界（管理方、探望者）并没有完全切断，并且还要想办法尽可能地从外部世界获取必要的资源。在这个节目中，管理方就是节目组，探望者则是和这个小社会进行各种交易的小贩，也是主要的外部资源输入者。所以节目进行到现在，荒野求生技能并不是平顶上最重要的技能，反而是人际沟通和处理矛盾的能力最为重要，这一点和职场颇有共通之处。

娱乐自媒体人贾嘉表示：“平顶之上的场景固然是人为设计，但故事与人性从来都会露出自己的尾巴。虽然大部分人确实像谭利敏所讲的那样，初心在于开心做出戏、怒刷知名度，但平顶艰难的生活本身，可以让那些表演欲望回归现实，这一点，在刘洛汐和刘富华先后被淘汰的过程中表现得非常明显。那些吵得天翻地覆的场景，如此震动人心。但是，吵架甚至打架在生活的长河里又算得上什么呢？宫斗是历史的调味剂，但远非真实的历史本身。我们都喜欢组团冲关的励志故事，像《西游记》里的取经四人组，像《魔戒》里的护戒小分队，像《海贼王》里的小伙伴们，但是，就连这样理想化、神化、二次元化的故事里，内讧与竞争也是家常便饭，懒馋的猪八戒不是常常被孙悟空连敲带打吗？相信随着时间的推移，在个性张扬和集体实验之间，他们总要选择一条。”

难能可贵的体验式感悟

对《我们 15 个》整个节目来说，观众是必不可少且十分重要的构成主体之一。他们投射强烈情感到 15 人之中，强烈地爱某一个，或者强烈地厌恶一个，谁会成为新的淘汰者和进入者，观众的力量不可小觑。

邓秋婷平顶漫画——照片树

自开播以来,《我们 15 个》就一直面临两极化的评价。一部分观众认为它耗费时间、娱乐性低，另一部分观众沉醉于当下综艺节目中难能可贵的体验式感悟。网友“裘知”说:“你如果用看《爸爸去哪儿》《奔跑吧兄弟》《变形计》等节目的标准来看这个节目，那么的确是娱乐性低，但是这节目最大的亮点就在于 365 天 24 小时直播，在这样的前提下很难像其他真人秀一样提前编排好剧本，来完全突出‘秀’，可是这是观察人性的不错的方式，更能帮助人们从微观到宏观地观察不同性格背景的人的行为。”

网友“九成公孙”认为:“《我们 15 个》新鲜有趣，它揭示了人间万象，非编排萌生的情节具有现实意义，给予了我们看得见的体验式感悟。这 15 个人的座右铭是‘向前走’，他们与电视机前的粉丝们产生共鸣，牵动着许多人的心。平顶外的人因为插不上手而干着急，感叹、责怪、惋惜、跺脚、揶揄、联想、欣喜，五味杂陈，而欲罢不能的，是随着这些当事人命运的跌宕起伏，每每不愿漏掉那生动呈现的场景。”

人们总是说，当局者迷，旁观者清。作为围观的一员，广大网友不仅在居民身上找到了自己情感投射的影子，更能跳出人和事本身，全盘看待平顶之上发生的一切。网友“王小薛”说:“这就是人性，往往身临其境时，根本抛不开个人感情色彩。老一辈觉得年轻的 90 后太张狂、太任性，与自己性格不同的会觉得无法共处，与自己性格相似的好像又存在竞争。15 个人在几乎原始的环境中生存都会产生这么大的摩擦，那么城市喧嚣下的众生呢？时间最终会磨平他们的棱角，如果人人都简单点儿、客观点儿，我认为会加快和谐的脚步！”

而这也正是看一档真正的真人秀节目的最大收获:“观之他人，投之自身，获得启示。人生不是一台秀，而是一场修行。”

② 从居民角色变化看平顶梦想

郑虎——坚持终成赢家[①]

角色：平顶御用厨师——不可或缺

平顶中的每一位居民都有自己的角色，而郑虎大概是其中定位最清晰的一位。爱吃的郑虎喜欢做饭，并且乐在其中，长期“霸占”厨房的他自然而然成了平顶的“御用大厨”。厨师这个角色对平顶来说不可或缺，因为居民每天都要吃饭，每顿饭都不能少。而郑虎不仅在食材有限的平顶尽量变着花样为居民们做饭，而且自主研发平顶蛋糕和平顶月饼，成为平顶上不可替代的一位居民。

梦想：减肥和音乐——逐步实现

话说“不会唱歌的胖子不是好厨子”，郑虎来到平顶的梦想一是减肥，二是音乐。为了减肥，郑虎在平顶疯狂健身，在辣妈张婷媗的“魔鬼训练”下，300 斤的郑虎一个月减掉了 38 斤！张婷媗离开平顶之后，郑虎依旧坚持自己健身。对郑虎来说音乐是最重要的，不管是开心、难过还是做饭时，郑虎总在唱歌。除了自己唱歌，他还变身音乐老师教其他居民和访客唱歌，更在平顶举办音乐会，与梁欢、GALA 乐队等同台献唱，逐步实现了自己的梦想。

---

① 转自腾讯娱乐，作者：Aries

▶ 邓秋婷创作的平顶漫画——胖胖郑虎

胖虎

资料资料资料
资料资料
资料资料
资料资料

胖胖

价值：点歌台和月饼——带来收入

除了自娱自乐唱歌，“平顶好声音”郑虎还开启了“温情留声机”，网友可以来信点歌送上心愿和祝福，每首 58~200 元任网友打赏，胖虎与邓碧莹、韦泽华等变身“人肉点唱机”，每周日晚 8 点为大家倾情献唱。临近中秋，郑虎和宋鸽努力研发平顶月饼，并与超市谈合作，最终定价每盒 8 个的 168 元，每盒 10 个的 188 元，包括黑芝麻、枣泥、五仁等口味。网友点歌和月饼订单纷至沓来，其中月饼订单就突破 300 张，更有热心网友不停追加。这可乐坏了郑虎。随着中秋的临近，他势必会为平顶带来不菲的收入。

韦泽华——一头闷驴的进化史[①]

26 岁的韦泽华，是个很有些驴性的人。

这个扛着一整根火腿在 6 月敲开平顶大门的年轻人，没有意识到，在未来几个月甚至更长的时间里，他将为平顶带来多么大的影响和变化，而平顶又会多么深刻地将他改变。

替补进场的韦泽华很快让平顶最早的 14 个居民见识了他的牛心左性。

非常的自我和固执己见，第一天驾到，就敢力排众议要求召开以他为主的规划会议。

邓秋婷平顶系列漫画——小宝韦泽华

① 摘自微信公众号“装逼范”

非常的恣意和无所顾忌，初来乍到，就能凭一番一竿子打翻一船人的铿锵陈辞将全体居民得罪光。

非常的执拗和一意孤行，自己提出的计划，没有人响应也要独自推行。

他像一头不合时宜的驴，闯入了一个百废待兴的农场，由着性子横冲直撞，多次撞南墙，仍不想回头。

然而，当我们在 4 个多月后重新审视平顶之上，我们发现，记忆里那个曾经驴性十足的韦泽华与眼前这个韦泽华相比，几乎让我们感到陌生。

他不再需要用打坐来平复情绪，多数时候，他与其他居民相处融洽，谈笑风生。

他不再孤军奋战，正午烈日下的独自劳作不复得见，他的提议通常会获得高票通过，有想法的人总是乐于拉着他一起探讨，他俨然成了平顶的意见领袖。

他仿佛经历了一场神奇的蜕变，变成一个超越自我预期也超越他人预判的存在——一个更好的韦泽华。

哦，现在大家都叫他“韦大王”了。

当韦泽华还是平顶新鲜人，对于这个陌生的环境和其中的居民，并未怀抱多余的情感。

这份距离感，从他应对平顶最爱撒娇的姑娘肖凡凡的情景可见一斑。

平静到冷淡的韦泽华，如此简洁有力地拒绝了肖凡凡的交好企图，对此时的他而言，拒绝是很容易的姿态，因为他对情感的交流尚没有需求。

他也尝试融入居民的集体，然而这种尝试并不热切，他也积极推进平顶的建设，然而这种积极更多源于他的理想。一切都是按照他自己的步调来走，他强悍的自我坚持是他打开局面的方式，也是他竖起的一道屏障。

这或许也是大多数新人进入一个崭新环境后的状态，我们会首先启动一整套防御机制，保持距离、试探深浅、观察评估……我们会希望让不熟悉的外界人事来适应自己，而不必强迫自己迁就环境。之所以常常会以强势的面貌出现，是因为在这样的壁垒后，满怀忐忑的我们会感受到安全。

要打破这种壁垒，往往需要一个契机，或者是人，或者是事。

不得不承认，韦泽华初到平顶的时候，有那么一点点“拯救者”的理想和姿态。

资源匮乏，建设迟缓，并且派系林立的平顶，看上去也的确有被拯救的必要。

他当然遭遇了挫折。

15 个人的平顶已经在形成它的小社会生态，虽然不那么稳定，但是显然有自己的节奏和规则，它需要改进与完善，前提是你要融入并适应它的一切。

韦泽华提出一系列雄心勃勃的建设规划，包括化粪池垦地、开水渠……但居民们不是反对就是反应冷淡，他迫不及待地找大家长聂江伟商谈，结果再次被训斥。郁闷、无奈，可能还有一点儿委屈，韦泽华开始他的静默期，打坐成为他思考和沟通自己的方式。

而他很快意识到，比起对自己的内视，与他人的沟通协调是更重要的事情。

这种新知帮助韦泽华建立了对平顶其他居民的沟通，他因此和刘志轩、易秋、丘子健建立起男人之间的交情和友谊，和宋鸽形成逐渐稳定而深厚的理解和包容。与类型如此多样、风格差异巨大的陌生人在几乎很短的时间内熟悉起来甚至成为朋友，对生活环境一直相对单纯的韦泽华来说，是很新鲜的体验。看得出来，这个时候的他在平顶进入了一个新的阶段，他正在解除起初坚硬而布满棱角的防御装置，开始以适应的姿态投入和参与平顶的一切。

一个有趣的猜想，或许就是从这个时候起，韦泽华真正开始“喜欢”平顶。相比目的明确、居高临下的“拯救”，这是一种复杂而深刻的情感联系。他终于感到生活就在此处，终于正式成为平顶居民的一员。

对在宠溺与呵护中长大的韦泽华来说，比起只能用一帆风顺来形容的 26 年人生，充满压力、未知和挑战的平顶之上，似乎具备了更值得期待与渴望的真实。

从这个意义上说，平顶尽管只是一个人为构造的生活观察实验，它的仿生和原生却是韦泽华步入真实社会的新启蒙。

自 7 月第一轮淘汰之后，平顶开始了居民的加速更替。

谭利敏被淘汰，刘希、肖凡凡、张婷媗、刘志轩、易秋退出，孙铭、刘富华违规被逐，一向与韦泽华不和的队长聂江伟也因为对他的主动挑衅愤然离开。

原始居民所剩无几，新成员不断涌入，所有人都在适应这种开放性的人际关系，韦泽华也是。虽然他更习惯、更愿意保持一种相对稳定和闭环的社会环境。

爱说“理论上来讲”“简单来讲”的韦泽华，渐渐体会到与人的沟通并不能够像理论列举一二三四这样条理分明、简单直接，他为此学习付出更多理解和耐心，经历更多反思和自省，达成更多体谅和认同。

这不得不说是大步伐的成长。

他还是常常与人争执，即便是面对关系最为要好的宋鸽，也会放出“道理如此明晰，我还解释什么”的话并拂袖而去。然而他同时明了，好朋友的标准并不是凡事都必须附和与赞同，据理力争也是重要的维系友情的方式。

他还是喜欢坚持己见，对于感觉复杂的彬子，他有很多保留意见和分歧，甚至会用“我听不懂你在说什么”的幼稚方式与之置气。然而他又开始懂得在不同见解中汲取养分和力量继续前进，所以在不认同彬子提出的平顶“工资制”的背后，他会基于更进一步的思考、研究，推出更周全细致的小项目基金池计划。

他还是有点儿毒舌，并不忌讳当面吐槽，然而他的犀利如今也包含了更多的柔和与宽容，所以他和吕日阳这样的跳脱型选手能够建立起一路“相爱相杀”的情谊。

他正在收获一个更好的自己。

而这种成长让韦泽华在平顶有了更大的作为空间。

他磨制的山水手镯以拍卖的形式售出了 9 800 元的天价，解决了平顶一度面临的财务危机。

在他的倡议和组织下，居民们发起轰轰烈烈的造床运动，告别了持续数月的席地而卧。

他参与讨论和探索新的商业销售模式，为平顶逐渐摆脱以廉价加工为主的盈利模式而努力。

他修水电、搭鸭棚、照顾奶牛、下田垦地、主持商业设计、策划大型活动……

26 岁的韦泽华驴性未脱，但他不再凭着犟脾气以激烈的姿态遭遇挫败。

当他以更开放的心态投身到平顶，平顶和《我们 15 个》也就为他的强硬、自我、固执赋予了坚韧、宽容和体谅。

他不再需要扮演拯救者，因为真正的强大就在人生的进步当中。

邓碧莹——平顶之上重塑梦想①

“你的梦想是什么？”这句话无论是选秀节目还是真人秀节目，都是导师们喜欢问选手的问题。是的，我们的梦想是什么？随着涉世越深，人生的经历越多，心中的那个梦想可能越来越模糊了。这是所有人遭遇的普遍现象，人有些时候是靠梦活着的，心中的那个梦变得遥不可及，可能就会失去勇气和斗志。

平顶之上的 90 后居民邓碧莹相较于同龄居民似乎要成熟得多，从足球宝贝、车模做起，大学还没毕业，邓碧莹就开始尝试各种途径踏进娱乐圈，参加选秀、拍广告、主持节目。显然，成为明星是她内心的梦想。然而现实的压力

① 摘自博友“小马发光 4975876”的博客

让她不得不为了生活而身兼多职，不断地拼搏，在这个过程中，她心中的那个音乐梦想渐行渐远。报名来到平顶之上，她希望做回自己，为了自己的梦想重新出发，这是梦想回炉的过程。相信在这个不间断、直接的真人秀节目中，她能和其他伙伴们能重塑自己的梦想。

《我们 15 个》与当下荧屏上众多的真人秀存在很多不同，以差异化获得了观众和网友的关注，这是节目的优势。以户外生存、生活实验为主的节目在概念上就具备了十足的创新性，而由 15 个素人聚集在一块进行条件艰苦的创造式生活将体现出来的人性特征，则是节目最引人关注的亮点。平顶之上的 15 个居民都和邓碧莹一样，他们来自各行各业，心中都有各自的梦想，此举既是挑战也是一种自我突破。

人与人之间的关系处理，人与自然的和谐相处让邓碧莹们不断地成长，他们可能会重新评估当初自己的梦想，也可能会修正曾经的梦想，无论怎样，平顶之上尽是历练，平顶之上梦想重生。

③ 关于梦想，居民各有感想

韦泽华：我想，或许每个平顶居民都不会实现自己最初的梦想，但也收获了另外的一些梦想。前一句，我主要是指，越是早进来的人，梦想越不可能实现，因为这里有一个时代感的问题。那时或许相当于人类的石器时代吧，你想，那时的人会相信人类能登上月球吗？你如果对他讲手机是怎么回事，他能理解吗？平顶那时正是这样，做饭还需要用原始方法取火。

而且，这既像把一个人送回远古时代，又像一个人从 10 岁到 50 岁的过程。那问题的答案很明显，你 10 岁的梦想是成为宇航员，但等你到了 50 岁，肯定就已经丢掉了这个梦想。

但有点儿不一样的是，我和郑虎这种在这里生活很久的居民。因为这会让我们对整个时代有种预期，即能够预期平顶会从无物可用的石器时代，进化到越来越富裕的近代，比如像 15 年以前的 21 世纪初那样。每一段的发生，虽然无法跳过这一段，但我们都能够预期得到平顶最终的样子，必须为了最后的目标一步步往前走。但不能心急，不能期望 1 个月就能完成 9 个月甚至 12 个月的进程。进一步说，在最初的时候，希望 1 个月就能达成的梦想，甚至可能要经过 9 个月、12 个月也说不定。

但我坚信，平顶最后的一刻，也就是在我们结束的时候，会有一个完美的呈现！到那时，再来体会自己这一路走来的历程，回忆都变成了美好。万一到那时，平顶还是普通的生活状态甚至更差，那只能说明每个人没有努力到那种程度。

田彬子：说句实在话，以我最初来到平顶的梦想，可能只能支撑我在这里生活三个月。因为来之后才发现，这里的生活与我原来的完全不一样。那么，我只能靠另外一些东西来支撑下去。不过幸好人都对未知的东西好奇！我愿意坚持下去，看看有什么让我意外的事情发生。

崔益祥：我在来平顶之前，有自己的公司和事业。之所以来到平顶，并非只想成为一名农民工，不过让我意外的是，我在这儿重拾年轻时候的手艺，也蛮有趣的，我仔细地回味着那一道道工序：打磨—刷底漆—再打磨—再刷底漆—再打磨—刷明漆—再打磨—再刷明漆。好，一件完美的家具就这样成型了。现在，包括开会的四张椅子、桌子、水泥地等，都是我完成的，我很有成就感。我是想让大家佩服我的，如今，当我感觉到现在平顶无人能替代我的时候，让我很宽慰。

董德升（彼得）：我开始时是抱着很有趣、给平顶带来东北风和快乐而参加的，三个月本来正是一个瓶颈期，因为早就跟家里说好，4 月要回家种地了。但没想到，前段“平凡的梦响”音乐会的时候，许多观众和网友来到平顶后，第一句话竟然是“彼得不要走”，这让我深受感动，没想到还有这么多人关注着我。我决定，继续留在平顶，并且改变原来那种“玩一玩”的态度，寻找另一种更重要的意义——因为全国人都看着呐！

焦阳：我仔细想了想，在平顶这段时间，有遗憾也有欣慰。遗憾的是，来时想尽快改变平顶环境的梦想，并未按照自己的想法顺利进行；欣慰的是，这更让我认识到，这确实是一个不同于平顶之外现实的生活。通过两件事，让我发现了梦想的实现与沟通的重要性，这或许对我在这种小团体中生活，从迷茫到有明确的意识有很大帮助：需要跟大家确定，在进行一件事情前，定下规则，不要长期开会讨论，只要做出来就好。

刘洛汐：起初，我参加这个节目就是想给自己放个假，因为我一直在工作，但现在来看，这是一件值得的事，因为我认识了很多兄弟。我一直没有后悔来这个节目，虽然有很多冲突、不开心，但是离开平顶之后这些都沉淀下来了，我反而结交了许多朋友。

④ 平顶变迁对比图

曾经荒芜的平顶，在“我们15个”的努力下旧貌换新颜。有图有真相，让我们通过图片对比，看看这个变化到底有多大——

鸟瞰建筑群 B

鸟瞰建筑群 A

谷仓小楼梯 A

谷仓小楼梯 B

谷仓正面 A

谷仓正面 B

厕所 A

厕所 B

谷仓门前 A

谷仓门前 B

我们15个

“暂时告别现实生活的种种，在有限的条件下去寻找生活的另一种可能。”15 位背景迥异的陌生人离开自己原本的生活，在荒芜的平顶之上共同生活一年，从零开始，在极其有限的资源条件下，努力实现他们理想的生活方式。他们是谁？他们都有什么样的背景和生活技能？他们的性格当中又有怎样的特点？他们来到平顶，又拥有什么样的梦想？

人物索引

那些朝夕相处的平顶面孔

一

掌门气场派

老鬼——聂江伟

51 岁的聂江伟来自北京，是一名退伍军人，他外形的最大特点是扎马尾和三角眉、单眼皮、蓄胡须。作为务实的 60 后代表，聂江伟意志坚强、思维清晰，又充满浪漫情怀，喜欢亲近大自然，因此爱上了摄影、旅游和户外运动，是一名户外领队，被圈里人称为“老鬼”或“鬼哥”。

聂江伟具备建筑、木工、接电、接水、种植等丰富的生存技能，他来到平顶是想当一名庄园主，解决大家的食宿生存问题，成为领导者。他希望获得关注从而赢得投资，去拍摄一部西部系列环保纪录片。

农场主——韦泽华

26 岁的韦泽华是上海浦东人，喜欢群居生活，在朋友眼中是一个性格幽默、谦虚温和、有主见的人，由于外形文弱，又戴着一副圆眼镜，于是有了一个“哈利•波特”的绰号。

在生活中，韦泽华不仅是一个注重生态的牧场主，还是一位喜爱设计的高超手艺人，拥有的生活技能很多，建筑、农业饲养、医疗急救、水电修理等等，擅长建筑、手工、种植，

韦泽华有大局观，逻辑严密。他所创立的公司长期关注非政府组织，关注留守儿童，做了很多公益项目。韦泽华注重人和自然的和谐相处，来平顶之前就制定了关于垃圾分类、资源再利用的策划书。

美女 CEO——高峰

36 岁的干练美女 CEO 高峰籍贯吉林省，出生在延边朝鲜族自治州，少年时期曾生活在农村，白手起家，有近十年建筑装饰行业负责人经验，是一个完美主义者，也是个轻微工作狂。

被称作“智慧型美女”的高峰其实童心未泯，日常喜欢小动物和花草。她的外表看起来十分柔弱，但是内心十分强大，被朋友称为“女超人”。

高峰自诩:“比我漂亮的不及我肯吃苦，相比低头吃苦的女孩子我又聪明一点点。”她擅长设计和装修，并会简单的农活，同时还有个“营养师”的身份。她来到平顶的梦想是回归自然，打造一个喧嚣城市的后花园。

哈雷领袖——郑义

郑义被誉为“中国哈雷的精神领袖”，在摩旅圈小有名气。身为野生动物摄影师的他，享受在无人区和野生动物“同居”的生活，微博名叫“郑义－逃离人类”，并拍摄过《无人之境》。

《我们15个》刚开始不久，郑义就听到一些朋友说起，他想：“从最开始打造一个世外桃源，我对这个概念非常感兴趣。”但是，后来因为有一个紧急拍摄任务，就出去拍野生动物了。而且郑义当时对平顶这个拍摄地点也不太喜欢，“我喜欢在环境更恶劣的地方”。

不过，到了2016年，郑义再也忍不住了，他终于在3月入住平顶，成为平顶上重要的一员。

谈判高手——焦阳

38岁的焦阳是一名商业地产执行董事，籍贯北京，在农村成长，长大后回到北京工作，努力打拼终于在事业上有所成就。工作多年之后，开始反思自己的人生，在工作和生活中寻找平衡。

焦阳擅长的技能包括木工、水工、电工、商业谈判、整合资源。工作伙伴口中的他是一个有团队整合力、凝聚力、领导力的人，竞争对手眼中的他是一个言语如剑、思维灼热的人，朋友眼中的他是一个随意当中又追求生活品质的人。焦阳来到平顶的梦想是打造平顶生态自助酒店，那么之后他在大家眼中又会成为什么样的人呢？

二

硬汉肌男派

暴脾气老刘——刘富华

东北爷们儿刘富华是个吊车司机，高个儿，干瘦，留着小平头。他瘦削的窄脸上颧骨突出，有浓黑的双眉和覆盖上唇的髭须。

16岁初中毕业，刘富华就离开家乡吉林，17岁做了保安，又做过厨师，现在他有一台吊车，接全国各地的工程项目。他每天在工地开12个小时吊车，日复一日，时间几乎都耗在沙土、钢筋、水泥堆里。

向《我们15个》招聘组提交申请和基本材料之后，老刘参加了圆桌面试、一对一面试、心理测试。最后，他接到了通知，终于成为了1/15。他理解这样的烦琐，听说来自全国各地的报名简历有十几万份之多，他感到自己很幸运。

平顶拳皇——丘子健

丘子健，网友称呼他为“森狗”“丘懒”。24 岁，职业拳击手、模特，平时喜欢健身，身材管理得很好。丘子健很重视朋友、珍重友情，在亲密的人面前会展露出内心的柔软。但是他受不了别人趾高气扬的教育与管制，最不喜欢幼稚、没有主见、以自我为中心的人。

从小独立生活，练就了丘子健丰富的生存技能，当问到参加平顶的梦想时，他说：“希望在平顶开设拳击俱乐部，打一场属于自己的拳赛。”就这么简单明了。

90 后退伍兵——孙铭

孙铭只有 21 岁，这个出生于 1993 年的小鲜肉是一名退伍军人。他浑身充满浓厚的“有原则”气息，在任何场合，他永远是军人特有的标准坐姿。

虽然已经退役，但是孙铭每天坚持高强度锻炼，他在寒冷的冬天赤膊锻炼身体，增强身体的抵抗力；还可以高空绳索速降、徒手攀爬高楼，并经常进行格斗训练。

为了重新获得自己的价值感，以及再次挑战自己，孙铭选择去平顶。他宣称：“我可以把垃圾变成工具，把石头变成灶台。”

2015 年 6 月 23 日，孙铭成为平顶首发居民。但仅过了半个月，他就因违规而被罚出局。

易大师——易秋

24 岁的易秋职业是“行者”，更直接地说，是个“流浪者”。他习惯了浪迹天涯，走到哪里，哪里就是家。他自云曾经年少轻狂，曾经犯过冲动的错误。

易秋拥有建筑、木工、水管、修车、手工等太多强大的生活技能，这源于他有多年个人生存的经历。

易秋进入平顶，是梦想要在平顶之上找到“能真正接纳我的温暖的家”，为自己开启第二人生。但现实又是残酷的，9 月 2 日，他就因违反规定，不得不再次“离家出走”。

农业专家——吴春飞

吴春飞已经 43 岁了，在杭州从事农场行业 10 多年，有丰富的经验，称得上是一位农业专家。老吴喜欢自由自在的田园生活，与妻子内外配合，打理农场。他喜欢亲自动手，打理花卉、蔬菜，棚屋搭建也得心应手。

在外人眼里，吴春飞个性自我、严肃、直接。但是内心里，吴春飞是一个热心肠，对生活充满了无限的激情。

吴春飞 9 月 3 日补位进入平顶，他对此表示说：“这次的到来，我想以实际行动给儿子做榜样，要用自己的技能帮助大家改善农业和生活环境。”

11 月 9 日，吴春飞因家事遗憾离开平顶。

不安分的旅行者——田彬子

28 岁的田彬子来自云南大理，是一位手工艺人，自称“不安分的旅行者”，通过做手工和结合当地特产赚钱来支撑自己的“旅行”。田彬子有基本的水、电木工等技能，生存能力很强，而且善于与他人沟通，有很强的执行能力。

2015 年 9 月 21 日，彬子成为平顶新居民。进入前，他称:“我最期待，我进门的那一刻，我就自由了。”他进入平顶的梦想是用“有追求，不糊弄”的艺术态度与手工能力，完善平顶的每一寸土地，将平顶建设成集舒适性和观赏性，也可经营各类商业活动的完美生活领地。

修房高手——崔益祥

49 岁的崔益祥来自江苏南通，从事野营房车生产销售工作，擅长装修房子（水电、粉刷等）、野外生存、农活等。

因为所从事的职业，崔益祥拥有较强的动手能力和建筑技能，非常喜欢自己动手制作后获得的成就感，目前居住的三间房屋都是他自己亲手建造装修的。

崔益祥很早就报名了《我们 15 个》，但一直没接到通知。直到 11 月 18 日，崔益祥才正式入住平顶，他说:“我来到平顶，希望可以利用自己的技能加快平顶的基础建设，和大家一起将平顶打造成一个宜居环境。”并且他还放话挑战吴春飞:“吴大哥会做的，我都会做;我会做的，吴大哥不一定会。”

从武警到瑜伽教练——程炎恩

程炎恩 26 岁，有过四年武警生涯，这段经历练就了他过硬的野外生存技能，日常生活中喜欢爬山、攀岩等户外活动。中专念书时代偶然的一次瑜伽蹭课，让他从此与瑜伽结下不解之缘，目前在北京开了三家瑜伽生活馆，是一个很有慢生活情调的汉子，在瑜伽生活馆门口种了黄瓜藤，室内放置的是亲手制作的木头工艺品。曾经刚硬的武警经历和现在柔和的瑜伽生涯互相补充，使得他的性格刚柔并济。

11 月 20 日，程炎恩以新人补入形式来到平顶，11 月 24 日成为平顶的正式居民，他直言：“来到平顶，但愿可以率领巨匠一路练瑜伽，推广瑜伽文化，让更多的人体味瑜伽。”可惜仅仅一个月之后，12 月 26 日，程炎恩就遗憾出局，洒泪离开了平顶。

彼得大叔——董德升

41 岁的董德升是一位俄罗斯族东北人，俄罗斯族名字叫“彼得”，是一名地地道道的农民。在亲友眼中，董德升是一个热情开朗、耿直善良的人，他具备种地、简单的木工、修拖拉机等技能，也会瓦工。喜欢追求新鲜刺激的生活方式，在务农的同时也当起了群众演员，跟着剧组到处走，只为了体验不一样的生活。

因喜欢看《我们 15 个》，董德升就萌生要来参加的念头，随意报名却意外通过。进入平顶前，董德升就预想了居民们的反应，以及自己的定位：“我想让他们欢快点儿，我想给他们带来乐趣，他们现在的确是处在低谷期，他们想不想高兴啊？我一进去，他们没准注意到，这人怎么说话这德行啊？一瞅一个外国人，说话还挺溜。”

三

才女辣妈派

汐哥——刘洛汐

刘洛汐生于1990年8月5日，甘肃人，已经在成都生活了8年，身兼数职——主持人、模特、演员。刘洛汐毕业于四川师范大学影视学院，曾参加多个选秀比赛，她主持的节目有《成都真娱乐》《蝶变新生》等，影视作品有《幸福宅一起》。

在忙碌的工作中，她渐渐有些迷失了自我。来平顶之前，刘洛汐已经失眠了大半年，身体和精神都到了临界状态。然后她听说了《我们15个》，根据节目组的描述，认为那可真是个逃离现实生活的好地方，居然还是24小时直播——“那太适合我了”。

由此，刘洛汐幸运地成为平顶的首批居民。不过不幸的是，她也成为节目开播后第一个被淘汰的居民。

健身辣妈——张婷媗

张婷媗来自宝岛台湾，1971 年出生，已是两个孩子的母亲，因被称为“健身房美魔女”，2012 年 7 月中旬一夕之间在网络爆红，被称为“台湾版的郑多燕”。张婷媗拥有年轻貌美的外形，也不像印象中的“菜篮族”。

张婷媗之所以报名参加《我们 15 个》，主要是想在节目中磨炼自己的意志力，不断推广自己的健身理念，和其他 14 个人成立“寻梦园健康生活会馆”。

文艺女神——刘希

26 岁的刘希来自山东淄博，毕业于上海东华大学，后来远赴伦敦艺术大学读研究生，上海四年的大学生涯和两年的留学经历让她收获颇丰。她的专业主修时尚设计，因此在技能方面，表现更突出的也是这一点，诸如软装设计、制作家居软装、视觉、鞋包、服装设计、鞋履制作。

加入《我们 15 个》，刘希希望可以体验慢生活，寻找创作灵感。她描述自己的构想时说：“找座山，开块地，自己动手建个木屋、家具、饰品全部就地取材自己创作，在这里养一群狗和很多花草。”

7 月 16 日，由于姥爷病重，刘希请假暂时离开平顶；7 月 29 日正式宣布离开平顶。

嗲声妹——邓碧莹

1990 年出生的邓碧莹跟同龄人相比似乎更成熟。由于从小就被各种亲戚照顾，邓碧莹很感恩帮助过她的人，她非常羡慕那些无忧无虑就可以上课的同学。从足球宝贝、车模做起，大学还没毕业，邓碧莹就开始尝试各种途径踏进娱乐圈，参加选秀、拍广告、主持节目。为了生活养家，她一直身兼多职，慢慢地远离了自己的音乐梦想。

来到平顶，她希望做回自己，为了自己的梦想重新出发。

9 月 30 日，邓碧莹遭淘汰遗憾出局，离开了平顶。

心理学博士——宋鸽

27 岁的宋鸽毕业于哈佛大学，目前正在美国罗彻斯特大学攻读心理学博士。她的梦想是成为一名心理工作者，帮助大家找到幸福。她也是江苏卫视《欢喜冤家》节目的嘉宾，因为参加这个节目而在网络上走红。

作为心理学博士，她来到平顶是也为了做观察、研究，希望有学术收获。她说："希望能够帮助大家，提高感受幸福的能力，多做一些有用的事情，带给大家阳光和快乐。 同时让自己多一些实践，变得更加成熟和自信。"

模特达人——丁囡

22 岁的丁囡身高 175 厘米，山东菏泽人，毕业于天津工业大学，最大的兴趣爱好是摄影。

丁囡无疑是个美女，身边的朋友都会被她单纯的气质感染。平日里是一个好脾气的乖乖女，很少和人吵架，负面能量一般是自己消化。但是只要涉及她的专业，她就会变成一个执着、坚强的人。

大二的时候，丁囡一个人从天津到上海参加模特比赛，毕业后又独自到上海工作。

这次参加《我们 15 个》来到平顶，丁囡的梦想是成为平顶的专属模特，走一场平顶 T 台秀。

清纯与野性——徐晶宇

徐晶宇虽然只有 25 岁，但已经是一个户外俱乐部创始人、文化公司投资人。除去这些身份，本质上她是一个可清纯可野性的姑娘，擅长攀岩、攀冰、滑雪、机车、穿越无人区……丰富的户外经历使她积累了很多技能，尤其擅长瑜伽、太极和射箭。

徐晶宇有靓丽的外表、健康的肤色，广泛涉猎各种极限运动，是朋友口中的“小疯子”。她热爱自然，充满活力，倾尽一切追寻喜欢的东西。她简单、率性，反感喋喋不休、勾心斗角。她自由、任性，信奉脚踏实地，一步一个脚印。

关于来到平顶，徐晶宇表示：“希望通过拓展自己的技能，为平顶创收；我热爱民族服装，希望在平顶举办一场民族服装展，助力民族服饰文化的传承。”

2016 年 3 月 1 日，徐晶宇正式成为平顶新居民。

好声音遗珠——张丽维

21 岁的张丽维，毕业于浙江艺术学院，为实现音乐梦想，她独自一人在深圳闯荡。她性格直爽活泼，是朋友眼中的“疯”女孩、开心果，热爱唱歌的她希望成为一个走心的歌手。

张丽维擅长唱歌、健身、做饭、手工等，她一心向往简单原始的生活，所以来到平顶。梦想是通过这里的生活体验创作出属于自己的单曲，讲述心中的平顶故事。

9 月 24 日，张丽维通过居民投票，正式进入平顶，成为新居民。

舞蹈美女——武雅静

武雅静 22 岁，是一名舞蹈老师。她自幼学习舞蹈，广泛涉猎古典舞、民族舞、汉唐舞和中国现代舞等多个舞种。

武雅静的经历很稳定、顺利，既有工作，也能利用业余时间代课舞蹈。但安于现状时间久了，年轻的她感到了这种生活的平淡，让自己渐渐失去了奋发的力量和朝气。她说：“我这个梦想特别想在平顶提前实现，计划开设舞蹈培训班，将舞蹈通过自己传递给更多的人，带领平顶‘舞动’起来，每天活动一下筋骨。”

2016 年 1 月 28 日，武雅静成功通过二选一，留在平顶成为新居民。

百变超模——崔楠

26岁的崔楠出生于大连，7岁移民塞舌尔共和国，她的个性中既有东方的内敛，也有国外的奔放。法国SKEMA商学院和香港城市大学双硕士，会多种语言（中、英、法、克里奥尔语），擅长做菜、空手道。现在在香港做理财保险的工作。

2016年2月2日，这位“百变超模”入住平顶。谈到理想，崔楠说，她想让平顶与时尚来一次创意的碰撞，把平顶生活的灵感和时尚融合，设计具有平顶特色的服装，邀请国际名模好友共赴平顶举办模特秀，以提升平顶国际知名度。

另外，她还想开设空手道教学班，教授居民一种强身健体的技能，希望以后和大家能开心生活，一同努力建设更加美好的平顶。

话剧明星——包圆圆

21岁的95后美女包圆圆是在北京长大的蒙古族姑娘，身高173厘米，是一名舞蹈演员。

因为喜爱表演，包圆圆高中时期就已经接触演艺行业，当过演员，做过模特，具备排演话剧、模特、健身等技能，热爱极限运动却又有着邻家女孩气质。

1月20日，包圆圆空降平顶，她希望来到平顶可以帮助居民开设平顶电影院，和居民一起排演话剧，推动平顶文娱建设。她希望能邀请肖凡凡、刘洛汐、刘富华、韦泽华、彬子一起，帮她将这出话剧演出来。

勇敢、开朗、干练、乖巧，身贴众多标签的包圆圆，到底会给平顶带来了怎样一场大戏呢？

钟爱漫画的“豚宝”——邓秋婷

28 岁的邓秋婷是一个漫画家，笔名“豚宝”，擅长漫画、写作和管理。在朋友眼中，她是一个不折不扣的文艺范美女，冷静、理性、温和。生活中，她喜欢电影、看书和爬山，遇到问题会用理智的方式解决。

现在，邓秋婷是上海一家漫画公司的 CEO，在杭州有自己的漫画工作室，传达信仰与自由为主题的《摩登神仙》和以女性成长励志为主题的《女孩俱乐部》是她的代表作。

来到平顶，邓秋婷希望跟另外 14 个人做朋友，体验不一样的生活，立志成为“知行合一”生活方式的传播者。

2016 年 3 月 29 日，邓秋婷在新人二选一中以高票入选，成为平顶的新居民。

四

文艺男神派

蘑菇头——刘志轩

27 岁的刘志轩来自浙江，作为服装设计师，他曾为韩红、胡彦斌、周笔畅等大牌艺人准备过服装，还为尚雯婕做过造型。但他认为跟明星合作只是他的工作而已，来参加《我们 15 个》，刘志轩希望能够寻找到灵感，成为一个出色的跨界合作人。他想在平顶尝试不会做的事情，一张巨大的设计图就摆在眼前。

刘志轩的外号叫“蘑菇头”，外号的由来是他的发型。他是平顶的首批居民，但在 8 月 27 日，由于胃病复发，他不得不选择退出平顶生活。

花花画画青年——訾鹏

33岁的訾鹏是一位画家和原创品牌主理人，山东省淄博市沂源县人。2005年毕业于鲁迅美术学院获学士学位，2008年毕业于鲁迅美术学院获艺术硕士学位。

作为80后职业艺术家，訾鹏在艺术之路上取得了非凡的成就。2006年两件绘画作品参加北京展览，作品被瑞典的“八画廊”和美国的钱尼家族收藏。同年与新加坡画廊Y2ARTS签约，合作至今。2008年“祖国的花朵——訾鹏个展”在新加坡Lukisan画廊展出；2013年“欲玉——訾鹏个展”在吉隆坡MECC举办；2014年“欲玉——訾鹏个展”在新加坡ARTrium@MCI举办。

訾鹏擅长油画、苏绣、烹调、改装鞋、雕刻，来平顶是为了寻找新的灵感，希望将平顶元素融入艺术创作，计划设计平顶服饰，开平顶画廊，做平顶装置艺术。

9月17日，訾鹏正式入住平顶。

艺术怪咖——陈常春

28岁的陈常春毕业于中国美术学院，现居杭州。喜欢不按常理出牌的他被朋友们戏称为“艺术怪咖”，是互联网公司资深策划。

陈常春喜欢绘画、摄影和设计，擅长服饰设计、图案制作。凭借自己的设计才能，他创立了独立设计品牌crave工作室，并且多次举办了插画摄影展和艺术展，出版过独立的插画摄影集，他的作品还进入了维多利亚和阿尔伯特博物馆。

陈常春来到平顶，梦想能够联手他的艺术家朋友们，在非常清幽的平顶举办一次盛大的艺术展，也是非常好玩的艺术派对，一起为平顶的建设努力。

8 月 24 日，陈常春通过平顶第二次淘汰赛，成功成为平顶新居民。

东北猫——吕日阳

吕日阳 1990 年出生于钢都辽宁鞍山，他是著名 90 后墙壁网创始人、搜索引擎优化师。他 12 岁开始文学创作并发表文章，在国内诸多主流杂志社主办的国内少年文学赛事中获 60 余项大奖。

从中学时起，吕日阳就创建了 90 后贴吧并担任首位吧主，拥有百万粉丝，并创立了 90 后墙壁网等业内知名的网站，被《新周刊》《电脑爱好者》报道。少年成功的他成年后走上了互联网创业道路，他一如既往地关注互联网、热爱互联网，先后涉足搜索引擎优化、电子商务、域名投资、社会化媒体等互联网领域。

在生活中，吕日阳具备烹饪、写作、皮具制作等技能，还精通互联网、媒体传播。他喜欢琢磨所有新鲜的事物。他来到平顶的梦想是将这里打造成一个互联网 + 艺术生态平台，能用自己的创造力点缀平顶是他想想就觉得刺激的挑战。

9 月 3 日，吕日阳由补位进入平顶，开始了他的“刺激挑战”之旅。

毒舌音乐剧演员——赵小斌

来自成都的赵小斌是一名90后，热爱唱歌，热爱表演，大学考入四川音乐学院。大二起，他就出来工作，做过艺人助理、经纪人助理、经纪人，再到现在的音乐剧演员和表演老师。

赵小斌“毒舌”而自信，喜欢和朋友开玩笑，擅长活跃气氛。对于自己喜欢的事情，再苦再累都会坚持到最后。他来到平顶，希望可以丰富自己的人生经历，积累表演素材，提高自我感受力。

12月22日，赵小斌入住平顶，一周后成功通过居民投票，正式成为平顶的居民。

自由歌者——张守望

刚入而立之年的张守望是职业歌手，摇滚乐队主唱、吉他手，是一个追求自由的原创音乐人，虽然小众，却有自己的想法。张守望同时拥有三个乐队，他玩转了电子、摇滚、实验等各种风格。他拥有双重魅力，既能登台唱歌挥洒雄性荷尔蒙，也能耕地种花享受慢节奏生活。

张守望觉得摇滚乐追求的是真实与自由，所以他对生活的态度也是这样。这次到平顶来，他希望自己可以褪去外界光环、卸下浮躁，发现一个更真实的自我，也希望运用自己的技能跟居民一起将平顶打造为真实、自由、美好的美丽新世界。他在平顶的梦想是收集平顶和居民的声音进行音乐合成，在居民协助下完成歌剧创作并举办平顶摄影艺术展。

2016年2月13日，张守望背着一把吉他，走进了平顶的大门。

五

萌姨靓妹派

最萌大妈——谭利敏

60多岁的谭利敏是平顶居民中最年长的一个，也是一个爱旅行的上海阿姨。与我们对老人普遍的印象相比，谭利敏的身上有更多“年轻人的气质”，因此被奉以绰号“罗丝”。

谭利敏是一名退休财务主管，擅长管理财务，她对金钱精打细算，甚至在生活方面会很抠门。

在报名《我们15个》时，谭利敏用电脑传小视频以为没成功，后来接到节目组的电话时，她第一感觉竟然是:“这不会是骗子吧？”

勇于把自己“献”出来的谭阿姨，顺利成为首批平顶居民。8月26日，谭利敏在淘汰投票中落败，结束了她的平顶生活。

性感黑妹——肖凡凡

21 岁的佤族女学生肖凡凡来自云南临沧，正在云南昆明读工商管理。她是一个倔强、爱美还很会撒娇的女孩，性格直率，大大咧咧、敢爱敢恨，喜欢听歌、跳舞、拍照、听故事、弹钢琴，宣称"人与景，灵与境，跟随心灵去旅行"。

肖凡凡纯真可爱，是男生心中的校花。外貌出众的她走到哪儿都会吸引人们的目光，甚至从第一眼看到她开始，你就无法忘记她，尤其是男孩子。

这次参加《我们 15 个》来到平顶之上，肖凡凡还有更多的计划：

1. 记录一年的生活并出书；
2. 开一个小型养殖场和农家乐；
3. 在平顶上接拍平面照片赚钱；
4. 成为平顶的代言人。

21 岁的她能否凭靠自己的力量将梦想清单一一实现呢？

正能量花姨——魏敏

51 岁的魏敏来自山城重庆，是一名有着 11 年农村生活经验的物流企业中层管理者。她了解很多植物的药用、食用价值，擅长种植植物、蔬菜，喜欢做针线活、做衣服。

同时，魏敏还是一位园艺达人，她最大的爱好就是跟植物、泥土打交道，她爱花，家中有一二百平方米的花园。没事的时候，她就到各个花店转悠。她还学会了利用竹、木、石、锅、碗、瓢、盆、青苔、树叶等制作各种独特花器。

作为一个有 51 岁的年龄、40 岁的身体、30 岁的心态的正能量大妈，魏敏认为自己可以吸引不同年龄段的人。又因为从事物流营销工作，她点子多、办法多、思路广，工作中非常善于沟通和协调，也善于团队合作。

魏敏说:“其实平顶在我心中已经存在很久了，我很喜欢那个地方。但是我通过观看视频，发现里面就是少了一个懂园艺的人。我觉得，这真是一个很大的缺憾。”

担任经理的她自曝还有四年就要退休了，但为了参加《我们 15 个》却毅然决然地辞去了工作。在辞职信上她写道:“生命很短暂，梦想在召唤；狠下一片心，闯出一片天。”

8 月 11 日，魏敏来到平顶，她梦想着“把外边的那些野草全部变成鲜花！根据高度和色块进行搭配，把平顶打造成有花有草、有果有树、有家禽有菜园的‘小桥流水人家’式的园林景观，给人积极生长、蓬勃向上的感觉，以此吸引全国广大的摄友和花友来平顶参观”，因此网友纷纷称她为“花姨”。

甜甜小公主——任欣宇

22 岁的任欣宇毕业于成都理工大学，2014 年获成都“最美女孩大赛”季军和最佳微笑奖。爱做咖喱鸡肉饭，自称正能量“小公主”、有偶像包袱的“自拍狂魔”、家里的主要“劳动力”、朋友眼中神经大条的“萌妹子”。

自称“美丽与智慧并重是我最大的特点”，她曾经参加过江苏卫视答题类综艺节目《一站到底》，一直站到最后一个环节拿到冠军，成功拿下节目中的 7 件奖品，并获得“最美站神”称号。

任欣宇报名参加《我们 15 个》，希望在平顶之上锻炼自己，自云已经做好了吃苦的准备。10 月 9 日，任欣宇入住平顶，希望在这里用自己的创造力编排一出话剧，给大家带来欢乐。她还有一个梦想：争得“顶花”的封号！

平顶女神——范梭

28 岁的范梭毕业于厦门理工大学服装设计与工程专业，毕业后在日资企业担任服装企划，过着朝九晚五的生活。工作三年后，在职业生涯的上升期选择辞职，因为不愿再过着“一眼望到头”的生活：“每天对着电脑，然后跑跑车间，整个生活充满了无趣的感觉，这让我心中极为恐慌。”

之后的三年里，一人一背包，行走四方，她很享受骑着摩托风驰电掣的感觉。旅途中，她结识了很多朋友。她追求自然环保的生活理念，懂得利用天然材料制作首饰、服装以及天然洗涤剂。

范梭说："参加《我们15个》也不能说有太大的梦想，只是想要努力尝试一下，因为这个节目新鲜的立意吸引了我，人生原本就没什么目的性。"来到平顶，她希望从改变大家的洗护习惯开始，倡导使用天然洗涤剂的理念，替换工业洗涤剂。范俊说："我没有说我做的手工皂有多么专业，但只是要让大家了解这样一种生活方式，或者说，你还有另外的选择，你可以用自己的选择对环境做出一点点的改变。"

范梭计划在平顶举办天然洗涤剂制作的对外趣味课程，将这些技能和生活理念灌注到平顶生活中，也传播给更多的人。

百合阿姨——张琍

59岁的张琍是上海人，英文名字Lily是"百合"的意思，因为她非常喜欢百合花，朋友都叫她"Lily姐"。

张琍精致直爽不服老，擅长制作美味甜品、种植有机蔬菜、书法、写作、茶艺。她退休前为上海社区图书馆馆长，所在的图书馆连获四届"上海市特级图书馆"称号。

生活中的她喜欢写书法、弹钢琴，平时制作的甜点被朋友们夸赞是"米其林级别"。

2016年元旦，张琍与重返的郭道辉一起进入平顶。她来到平顶的梦想非常单纯：向往平顶之上艺术化的生活，很想让平顶富裕起来，美丽起来；另外，和居民们一起写一本书——《舌尖上的平顶》，开一个平顶艺术展，记录、传递平顶的文化艺术！

传媒达人——涂圆圆

33 岁的涂圆圆给人感觉很舒服，属于氧气型美女，与人交流极具亲和力。由于涂圆圆是编导出身，对节目的思路很清晰，但是她说自己会尽量不让自己站在编导的角度想问题，而是作为一个真正的参与者来体验节目。

涂圆圆进入平顶，是希望尽量让每个人都能发挥自己的长处：“平顶上面每个人都在忙着自己的小梦想，却忽略了平顶的大梦想——共同建设，而这些人在忙着自己的小梦想的时候，有时候也忘记了自己的小梦想，我认为，平顶需要一个可以敲警钟的、可以提醒的人。”

2016 年 4 月下旬，涂圆圆入住平顶，开始了她的体验之旅。

开心小麻花——乌尼思

生于 1993 年的蒙古族姑娘乌尼思，十四五岁就离开家去大连艺校学习艺术。大一开始进入音乐剧行业，大三时进入“开心麻花”演音乐剧。她爱好唱歌、跳舞、表演，台前的表演兴趣较强。

在生活中，乌尼思认为自己挺全能的，上得厅堂下得厨房，擅长贴壁纸、修水管，并喜欢自己动手设计一些小物件。

来到平顶，乌尼思觉得大家住在一起很开心，很喜欢这样的生活。很希望在这样的生活中看到每个人想法的碰撞产生的精彩，把想法变成现实，共同改善自己的生活。她计划举办一场音乐剧和演唱会，并希望可以在平顶上搭一个自己的小空间，想独处的时候就在里面一个人待着。

2016 年 4 月 25 日，乌尼思进入平顶，开始了她的梦想之旅。

六 暖叔乖男派

隐士博叔——李晓明

57 岁的李晓明是北京人，他是博客界的达人，网名“阁子”。人生几经沉浮，他身上的标签就有文艺战士、舞美设计、美术设计、首钢团委副书记、首钢船员部部长、首钢机械总公司广告部部长、首钢国贸部外宣室主任、园林规划设计、美术编辑、杂志美术总监等。

同时，作为一名个人艺术实验活动者，李晓明做过设计师、画家、手工艺人、摄影师。他自称：“我是一个无所不能的手工艺人，传统手工中，我会蜡染、扎染、马勺、彩绘泥塑、皮画；时尚手工里，擅长纸艺花卉、丝网花、软陶、树脂黏土花、串珠，等等。

更突出的是，李晓明曾就职于北京电视制片厂，作为影视美术设计参与拍摄《赤橙黄绿青蓝紫》《小城故事》等多部电视剧。他一直比较喜欢纪实类的文学作品和影视作品，所以他的创作一直以纪实类作品为主。

另外，李晓明曾在多家传媒广告公司担任艺术总监，在《文化月刊》等杂志担任美术总监，创办过全国最大的手工网站，擅长将高难的传统手工与现代时尚手工结合转化成DIY。如今到了“知天命”的年岁，仍然“不安分”，又执导《天工技艺》等纪录片。

作为自由艺术工作者的他，钟情于远离都市喧嚣的乡村生活，曾在深山中独自隐居三年，他自己搭建院落围墙，还在自己的庭院中种菜种树，养鸡养鸭，创作陶艺。

选择踏上平顶，李晓明虽然也是为了弥补再也回不了“伊甸园”的遗憾，享受生活赋予他的美好的东西，却不是为了复制曾经的隐居生活，而是希望与平顶居民共同打造一个花园式的环保家园。他说:“因为《我们15个》是一个非常真实的纪实类的节目，我喜欢这种风格，也喜欢这种形态，所以发自内心地关注这个节目，并愿意参与进来。

他于2015年10月20日作为补位居民进入平顶。

纯朴农民工——郭道辉

28岁的郭道辉来自山东，他的家庭很简单，跟一般山东农村的家庭没什么两样，母亲在家务农，父亲在北京建筑工地打工，虽不富裕但生活幸福。

职校毕业后，郭道辉选择了在青岛一家家具厂打工，切割、冲压、气焊、电焊等工种他都干过，下班后，他还在夜市摆地摊。现在和妻子在杭州的工厂工作，算是成家立业过上了踏实日子。

生活上，郭道辉喜欢钻研、搞创新，他学表演、学魔术、学摄影，总能给身边的人带来笑声。

2015 年年初，郭道辉从网上获知《我们 15 个》招募选手，于是毫不犹豫投递了简历。6 月 23 日，郭道辉入住“平顶之上”。然而仅在平顶待了三天，郭道辉就因腰部旧伤复发，不得不伤心地离开平顶。

2016年1月，郭道辉重返平顶，再续他的平顶生活。

音乐厨神——郑虎

26 岁的郑虎来自山西曲沃，绰号“胖虎”。可以说，郑虎26年的生活都是在吃和音乐这两件事中度过。2007 年师从西安音乐学院声乐副教授高曼丽，考入晋中学院音乐系。在校期间多次参加全国、省、市级文艺演出和歌唱比赛，取得了优异的成绩。

郑虎热爱音乐，喜欢吃，也会做。无论是做饭的时候还是做农活的时候，都在唱歌。休息的时候更是引吭高歌，歌声优美，唱功深厚。

这位多才多艺的小伙子参加过不少音乐选秀节目，就在报名参加《我们 15 个》之前，郑虎还通过层层选拔，出现在央视《星光大道》节目中。

来平顶之前，郑虎正在山西哥哥的一家酒店担任大堂经理。说到报名参加《我们 15 个》的目的，用他自己的话说非常简单：“利用平顶上的艰苦生活进行有针对性的减肥，一年后在朋友圈里晒摸到自己的肚脐眼的照片；同时利用空闲时间奋发图强练习歌唱，为自己的理想‘成为一名音乐老师’打好坚实基础，把自己的快乐传递给大家。”

阳光模特——陈宪一

陈宪一刚满24岁，祖籍辽宁抚顺。生长于一个普通、和睦的东北家庭，养成了他阳光开朗并懂得感恩的性格。他就像一个大男孩，会搞怪、卖萌，平时很安静，是一个物质欲望很弱的人，因此被朋友们称为“柠檬哥”。

陈宪一刚刚毕业于大连财经学院，在校期间，一次偶然的活动机会，他通过朋友介绍接触到了模特这个行业，一下就喜欢上了，从此步入模特行业。目前他在一家公司做运营工作，业余仍然做着模特的兼职。

和其他职业模特不同的是，陈宪一有一个特别的爱好，就是改造修理废旧物品，他能将废旧金属罐改成户外实用行军炉。除此之外，陈宪一很喜欢做饭，还会一些缝缝补补，是一位生活技能丰富的型男。

通过腾讯直搜和朋友介绍，陈宪一得知了《我们15个》，开始关注平顶，并且与朋友一起报了名，从沈阳走到北京，他通过了层层筛选。

参加《我们15个》来到平顶，陈宪一希望自己能从阳光男孩蜕变为阳刚男人。他还拥有更远大的目标：携手其他14位居民共同发展平顶经济，最终成为一个优秀的旅行社经营者。

2015年7月23日，陈宪一成为平顶居民；10月30日被淘汰出局，结束了他3个月的平顶生活。

崇尚有机生活的“暖叔”——张杰

张杰生于 1980 年，这位性格质朴、踏实、温和的“暖叔”生存能力极强，多年来一直从事互联网行业，后来接触到了农业电商，嵌入到农业产业链，目前是一位电商运营总监。

在妻子眼中，张杰“是一个温暖的人，作为男人来说很有责任心，生活被他照顾得井井有条”；在朋友眼中，张杰“不管做事还是做人，都非常靠谱，是最佳的合作伙伴”。

张杰崇尚接近自然、关爱生命、关心他人、分享快乐的生活态度。他认为“有机生活”是一种持续健康的生活方式，是一种体现人与大自然和谐的生活方式，是高品质、持续健康生活的代名词。例如，享受明媚的阳光，呼吸新鲜的空气，饮用无污染的健康水，不吸烟，少饮酒，适度运动，保持良好的休息和睡眠，保持平衡的心态，避免精神压力。

为了追求精神上的幸福感，抗拒迷失于物质，张杰选择来到平顶。他认为：“我兼具领导力和服从力，执行力强，并拥有丰富的技能，动手能力强，同时还拥有农业技能和商业才能。我相信，我的加入势必会给目前平顶的发展带来强力的帮助。”

谈到他的梦想，张杰说：“很简单，那就是返璞归真、有机生活，把荒芜的平顶之上变成绿色的生态家园。”

7 月 30 日，张杰补位进入平顶；9 月 16 日因家中老人病重遗憾退出，与居民们拥抱后，他依依惜别了平顶。

美食家——李有才

“美食家”李有才来自江西，38 岁的他拥有丰富的人生经历，擅长做菜、营销、版画、跳舞。大学毕业后当了半年的语文老师，曾学习舞蹈参与“唱跳组合”，后来自主创业，10 年间经历了 20 多次生意失败。最终在 2015 年年初重新开始，开了属于自己的美食店，一年之内有了 16 家加盟店，净赚 100 万元。

2016 年 3 月 24 日，李有才成为平顶新居民。来到平顶，李有才希望可以用自己十余年积累的经验，38 年人生积聚的力量，主宰自己的命运，痛痛快快地成功一次，在平顶打造一个国内顶尖的美味厨房，让自己成为全国最优秀的美食主播。

“90后黄晓明”——康凯

23岁的康凯是一个与黄晓明撞脸的90后“小鲜肉”。他在做平面模特的同时，还经营着自己的网店；擅长吹萨克斯的他还做得一手好川菜。他有着水瓶座天马行空的“脑洞”，常常迸发出稀奇古怪的想法。生活中的康凯自由随性，不拘小节，朋友们常说，看到他一脚棉拖一脚凉拖出门也不奇怪。康凯偶尔毒舌，但擅长交友。

2016年4月，康凯在新人三选二中胜出，入住平顶。

康凯说，“来到平顶，最吸引他的就是认识这里形色各异的人，体验世外桃源的生活，希望平顶的经历能为他开启一扇新的大门。”